KB054218

Talk! 톡 톡 Talk!

구 해 줘 !
한 국 어
말 하 기

저자 정유진

한글파크

책을 내며...

7년 전, 중국에서 대학을 다니면서 자취를 했습니다. 중국어가 익숙하지 않았던 자취 초반에 항상 현지 인들과 직접 만나서 문제를 해결해야 하는 경우가 많았습니다. 예를 들어 집주인에게 천장에서 물이 새는 데 고쳐달라는 표현, 시장에서 고기를 살 때 얇게 썰어달라는 표현 등 일상생활에 필요한 표현을 어떻게 해야 하는지 몰라서 사전을 한참 뒤져가며 진땀을 흘렸던 기억이 납니다.

실제 학교에서는 이런 생활에 필요한 중국어를 가르쳐주지 않았기 때문에 학교 밖에서 일어나는 모든 일들은 유학생인 저에게 모험이었고, 도전이었습니다. 그때부터 한국에서 한국어를 가르치게 된다면 생활 에 꼭 필요한 어휘와 표현만을 담은 교재를 만들어 회화 수업을 해야겠다는 꿈이 있었습니다. 그 꿈을 담 아낸 교재가 바로 『Talk! Talk! (톡톡) 구해줘! 한국어 말하기』입니다.

외국인 학습자들이 한국어로 기본적인 의사소통은 가능하지만 실제 생활에서 사용해야 하는 어휘와 표 현을 제대로 알지 못해서 어려움을 겪는 경우가 많습니다. 이 책에서는 출입국 관리 사무소에서 비자를 연 장할 때, 부동산에서 집을 계약할 때, 마트 장보기, 병원 가기 등 한국어가 꼭 필요한 상황에서 어떻게 표 현하면 좋을지 고민하고 걱정하는 한국어 학습자들을 위해 만들어진 말하기 책입니다. 이 책은 중급 이상 의 학습자들이 번역 없이도 쉬운 해설과 재미있는 그림을 통해 내용을 이해할 수 있습니다. 또한 간단한 영상을 통해 패턴 연습을 할 수 있도록 하였고, 이를 통해 어휘와 표현을 실제 생활에 잘 적용할 수 있도록 만들어졌습니다. 사랑하는 우리 학생들의 이름을 담아 완성된 이 책이 여러분의 한국 생활에 많은 도움이 되기를 소망합니다.

중국에서 한국어 교육을 시작했을 때부터 지금까지 지치지 않고 열정적으로 한국어를 가르칠 수 있었던 것은 많은 분들의 도움과 응원 덕분이었습니다. 이 길에 확신을 가지고 걸어갈 수 있도록 큰 힘이 되어 주 신 상해 한가람 한국어 정재은 원장님, 종로 YBM 한국어 서은진 교수부장님, 대만 Jella! 語言星球 王稚鈞 대표님, 동국대 국제어학원 박소연선생님, 동국대 이주다문화통합연구소 서은숙 소장님께 감사의 마음을 표현하고 싶습니다. 그 밖에도 지난 8년 동안 제가 행복하게 한국어 수업을 할 수 있도록 적극적으로 참여 해주고 호응해줬던 우리 학생들에게도 고마운 마음을 전하고 싶습니다.

마지막으로 내가 하는 일을 늘 자랑스럽게 생각해 주고 응원해 주는 우리 부모님과 가족들, 나를 나로서 살게 해준 철원 친구들, 소중한 반려묘 당고, 당산에게 고마운 마음과 사랑을 전하고 싶습니다. 그리고 이 책이 나오기까지 많은 도움을 주신 랭기지플러스 엄태상 대표님과 양승주 과장님, 한글파크 조성민 대리 님을 비롯한 편집진 여러분께 감사드립니다.

2022년 1월
저자 정유진

이 책의 특징

주제에 맞는 어휘들을 이해하기 쉽도록 그림과 사진을 통해 제시하였다. 동사나 형용사는 기본형으로 제시하여 사전을 찾을 때 도움을 주고자 했다.

과에서 학습할 내용을 대화문으로 구성하였다. SNS메신저, 전화 통화, 대면 상황을 통해 생활에서 필요한 여러 가지 상황이 제시되어 있으며, MP3 자료를 반복해서 들으면 정확한 발음과 억양을 익힐 수 있다.

한국 사람들이 일상생활에서 자주 사용하는 어휘와 표현, 학습자들이 이해하기 어려울 수 있는 어휘를 풀어서 설명하였다.

대화 Talk! Talk!에 나온 문장 중에서 중요한 문형을 2~3개씩 골라 반복해서 연습할 수 있도록 했다.

정쌤과 talk! talk!

휴대폰으로 QR코드를 스캔하면 정쌤의 다양한 영상을 통해 패턴 Talk! Talk!의 문형들을 재미있게 연습할 수 있으며 자연스러운 발음과 억양을 익힐 수 있다.

듣기 talk! talk!

대화 Talk! Talk!에 나온 주요 표현들을 듣기를 통해 대화를 어느 정도 이해하고 쓸 수 있는지 확인할 수 있다.

연습 talk! talk!

각 단원에서 학습한 어휘를 복습하는 부분이다. 빈칸 채우기, 연결하기, 바꿔 쓰기 등을 통해 실제 상황에서 어휘 사용 능력을 높일 수 있게 하였다.

부록

한국 사람들이 많이 사용하거나 한국 생활에 도움이 되는 내용을 모아 수록하였다.

목차

Chapter 01

집

😊 이사 계획하기

어휘 *talk! talk!* - 집 종류

아파트

빌라 (다세대 주택)

단독 주택

오피스텔

셰어 하우스

기숙사

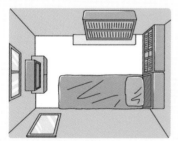

고시원

하숙집

옥탑방

반지하

복층

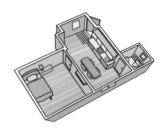

1.5룸 (분리형)

대화 talk! talk!

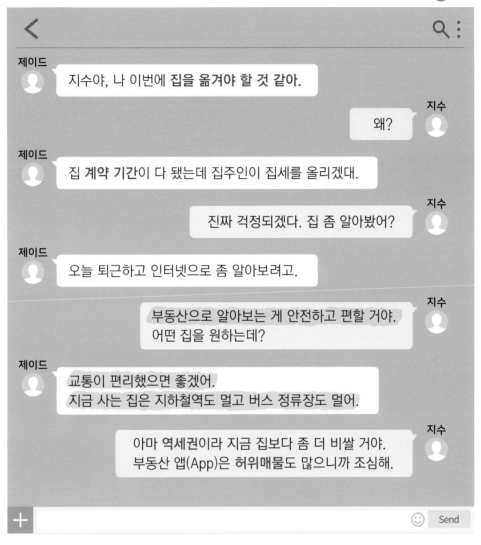

제이드
지수야, 나 이번에 집을 **옮겨야** 할 것 같아.

지수
왜?

제이드
집 **계약 기간**이 다 됐는데 집주인이 집세를 올리겠대.

지수
진짜 걱정되겠다. 집 좀 알아봤어?

제이드
오늘 퇴근하고 인터넷으로 좀 알아보려고.

지수
부동산으로 알아보는 게 안전하고 편할 거야.
어떤 집을 원하는데?

제이드
교통이 편리했으면 좋겠어.
지금 사는 집은 지하철역도 멀고 버스 정류장도 멀어.

지수
아마 **역세권**이라 지금 집보다 좀 더 비쌀 거야.
부동산 앱(App)은 **허위매물**도 많으니까 조심해.

 표현 talk! talk!

· **집을 옮기다:** 통 이사하다.

· **계약 기간:** 명 계약으로 정해진 기간.

· **역세권:** 명 지하철 역을 중심으로 500m 반경 내외의 지역. 걸어서 5~10분 정도 걸리는 지역.

· **허위매물:** 명 부동산에서 손님을 끌기 위한 용도로 실제 집과 다른 사진을 올리는 등 거짓된 정보가
올려진 부동산 매물을 뜻함.

1 권유하기

부동산으로 알아보는 게 안전하고 편할 거야.

명사		동사		형용사		형용사	
직거래	· 받침 ○ + 으로 · 받침 ✕ + 로	찾아보다	-는 게	더 싸다	-고	괜찮다	· 받침 ○ + -을 거야. · 받침 ✕ + -ㄹ 거야.
인터넷		구하다		더 빠르다		좋다	

2 원하는 조건 말하기

교통이 편리했으면 좋겠어.

명사			형용사	
방	화장실	이/가	넓다	· ㅏ, ㅗ + -았으면 좋겠어. · ㅏ, ㅗ ✕ + -었으면 좋겠어. · 하다 = 했으면 좋겠어.
주변	밖		조용하다	
지하철 역	버스 정류장		가깝다	
주차장	베란다		있다	
반려동물 (개, 고양이 등)		을/를	키울 수 있다	

원하는 집			
오피스텔	아파트	빌라	· 받침 ○ + 이었으면 좋겠어. · 받침 ✕ + 였으면 좋겠어.
원룸	1.5룸	투룸	
복층	옥탑방	반지하	

3 불편한 점 말하기

지금 사는 집은 지하철 역도 멀고 버스 정류장도 멀어.

명사		명사		형용사/동사		명사		형용사/동사	
지금 사는 데	은/는	방	도	좁다	-고	화장실	도	불편하다	아/어.
지금 사는 곳		주변		시끄럽다		주차장		없다	
지금 집		집주인		불친절하다		월세		비싸다	
여기		고양이		못 키우다		베란다		없다	

정쌤과 함께 대화 패턴을 연습해 봅시다!

제이드 지수야, 나 이번에 ①_____ 할 것 같아.

지수 왜?

제이드 집 ②_____이 다 됐는데 집주인이 ③_____.

지수 진짜 걱정되겠다. 집 좀 알아봤어?

제이드 오늘 퇴근하고 인터넷으로 좀 알아보려고.

지수 ④_____으로 알아보는 게 안전하고 ⑤_____ 거야.

　　　어떤 집을 원하는데?

제이드 ⑥_____이 ⑦_____ 좋겠어.

　　　지금 사는 ⑧_____은 ⑨_____도 멀고

　　　⑩_____도 멀어.

지수 아마 ⑪_____이라 지금 집보다 좀 더 비쌀 거야.

　　　부동산 앱(APP)은 ⑫_____도 많으니까 조심해.

연습
talk!
talk!

밑줄 친 단어를 보기 와 같이 알맞게 바꿔서 쓰세요.

보기

나 다음 달에 **집을 옮길 거야**. → <u>이사할 거야.</u>
(이사하다)

1. 지하철 역에서 가까운 곳으로 찾고 있어요. → _____ .
(집값이 싸다)

2. 지금 사는 곳은 집값도 비싸고 방도 좁아. → _____ .
(더울 때 덥고 추울 때 춥다)

3. 부동산으로 집을 구할 거예요. → _____ .
(찾아보다)

4. 이사 갈 집은 깨끗했으면 좋겠어. → _____ .
(방이 넓다)

5. 집주인이 집값을 올리겠대. → _____ .
(월세를 올리다)

UNIT 2

😊 집 알아보기

어휘

부동산 용어

부동산 보유현황

- 월세 16.8%
- 자가 42.6%
- 전세 27%
- 13.6%
- 자가·부동산

자가	자기 소유의 집.
월세	매달 돈을 내고 빌린 방이나 집.
전세	건물을 가지고 있는 사람에게 정해진 기간 동안 일정한 금액을 맡겨 놓고 빌려 쓰는 집.

계약하다	돈을 주고 받는 거래에서 서로 지켜야 할 의무나 책임을 문서에 적어 약속하다.
계약서 (부동산 매매계약서)	계약의 내용을 적고 계약이 성립되었음을 증명하는 문서.
계약금	계약할 때 계약을 지키기로 약속하고 미리 치르는 돈 .
수수료	공인중개사나 중개인에게 지급하는 수수료.
이사철	이사를 하기에 좋은 시기. 또는 이사를 많이 하는 시기.

 2-1

제이드	저 집 좀 보려고 하는데요.
중개인	얼마까지 알아보셨어요?
제이드	**보증금** 500에 **월세** 50이요.
중개인	**풀옵션** 원룸 구하시는 거예요?
제이드	아니요. **분리형**이었으면 좋겠고
	가전은 다 있어서 **무옵션**으로 구하고 있어요.
	그리고 홍대 역이랑 가까웠으면 좋겠어요.
중개인	잠시만요.
	홍대 역 근처에 방이 하나 있긴 한데
	엘리베이터가 없는 4층 옥탑이에요. 괜찮으시겠어요?
제이드	음… 다른 집은 없을까요?
	옥탑은 추울 땐 춥고 더울 땐 덥다고 들어서요.
중개인	그래도 역에서 걸어서 5분 거리에 집 근처에 버스 정류장도 있어요.
	주변에 편의점, 공원 등 편의 시설도 많고요.
제이드	음, 그럼 일단 방 좀 보고 계약하고 싶어요.
	집이 마음에 들면 바로 계약할 수 있나요?
중개인	계약금이 준비되시면 바로 계약서 작성할 수 있어요.
	먼저 집부터 보고 올까요?

- **보증금:** 명 거래 내용에 대한 보증의 의미로 지불하는 금액으로 계약이 끝난 후에 다시 받을 수 있다.
- **월세:** 명 월마다 지불하는 금액.
  - 참고 **전세:** 집을 빌려서 일정한 돈을 맡겼다가 계약이 끝난 후에 다시 돌려받는 금액.
    - **반전세:** 전세와 월세 계약의 형태를 반반 섞어 놓은 형태로 전세 금액을 낮추는 대신에 일정
      부분의 월세를 부담하거나 월세 조건이지만 보증금을 높이고 월세 금액을 낮춘 금액.
- **풀옵션(Full option):** 명 세탁기, 냉장고, 에어컨 등을 갖춘 집. ↔ 무옵션(없을 무(無) option)
- **분리형:** 명 거실과 방이 분리된 집 =1.5룸
- **가전:** 명 가정에서 사용하는 세탁기, 냉장고, 텔레비전 따위의 전자 기기 제품.

1 이유 말하기 + 조건 말하기

가전은 다 있어서 무옵션으로 구하고 있어요.

이유		명사		동사	
지금 집이 역에서 좀 멀다		역세권			
원룸은 좀 좁다	·ㅏ, ㅗ + -아서	1.5룸		찾다	
고양이를 키우고 있다	·ㅏ, ㅗ ✕ + -어서	반려동물 가능한 집	(으)로	알아보다	-고 있어요.
소리에 예민하다	·하다 = 해서	방음이 잘 되는 곳		구하다	
가전이 따로 없어서		풀옵션			
깨끗한 집에서 살고 싶다		*신축 건물			

*신축 건물: 새로 지은 건물

2 집의 단점 말하기

엘리베이터가 없는 4층 옥탑이에요.

단점		집	
계단을 3개 내려가야 하다		반지하	
베란다가 없다	-(으)ㄴ/는	원룸	·받침 ○ + -이에요.
오래되다		빌라	·받침 ✕ + -예요.
*공과금이 좀 비싸다		오피스텔	

*공과금: 전기세, 수도세, 인터넷 비용 등

3 다른 사람에게서 들은 집의 단점 말하기

옥탑은 추울 때 춥고 더울 때 덥다고 들어서요.

집		이유	
반지하		햇빛이 잘 안 들어오고 여름에 습하다	
원룸	은/는	고양이를 키우기에는 좁다	-다고 들어서요.
오피스텔		집값도 비싸고 주변이 시끄럽다	

정쌤과 함께 대화 패턴을
연습해 봅시다!

정쌤과 talk! talk!

듣기 talk! talk!

🎧 2-2

제이드 저 집 좀 볼까 하는데요.

중개인 얼마까지 알아보셨어요?

제이드 ① _____ 500에 ② _____ 50이요.

중개인 ③ _____ 원룸 구하시는 거예요?

제이드 아니요. ④ _____ 이었으면 좋겠고

⑤ _____ 은 다 있어서 ⑥ _____ 으로 ⑦ _____ 고 있어요.

그리고 홍대 역이랑 가까웠으면 좋겠어요.

중개인 잠시만요.

홍대 역 근처에 방이 하나 있긴 한데

⑧ _____ 가 없는 ⑨ _____ 이에요. 괜찮으시겠어요?

제이드 음… 다른 집은 없을까요?

⑩ _____ 은 ⑪ _____ 고 들어서요.

중개인 그래도 역에서 걸어서 5분 거리에 집 근처에 버스 정류장도 있어요.

주변에 편의점, 공원 등 편의 시설도 많고요.

제이드 음, 그럼 일단 방 좀 보고 ⑫ _____.

집이 마음에 들면 바로 계약할 수 있나요?

중개인 ⑬ _____ 이 준비되시면 바로 계약서 작성하실 수 있어요.

먼저 집부터 보고 올까요?

연습 talk! talk!

보기 와 같이 알맞은 어휘를 골라 바꿔서 쓰세요.

| 어사철 | 에어컨, 옷장이 없다 | 역세권이다 |
| 공과금 | 오피스텔-월세가 비싸다 | 옥탑-계단이 많다 |

보기
요즘 **이사를 많이 하는 시기**라 집 구하기가 어려워.
→ 요즘 **이사철이라** 집 구하기가 어려워.

1. 반지하는 방도 어둡고 여름엔 습해서 좀 별로예요.

→ _____ .

2. 그 집은 모든 가전이 다 갖춰져 있어요.

→ _____ .

3. 하숙집은 화장실이 불편하다고 들어서요.

→ _____ .

4. 그 집은 세탁기, 냉장고가 없어서 다 사야 해.

→ _____ .

5. 지금 월세가 비싼 오피스텔에서 살고 있어서 이사 가려고 해요.
→ _____ .

UNIT 3

😊 집의 문제점 설명하기

어휘 talk! talk! - 집의 문제점

불이 안 들어오다

창문이 안 닫히다

문이 안 열리다

물이 안 나오다

세면대 물이 안 내려가다

변기가 막히다

가스 불이 안 들어오다

천장에서 물이 새다

난방이 안 되다

와이파이가 (인터넷이) 안 되다

에어컨이 안 되다

윗집/옆집이 너무 시끄럽다

집주인	여보세요.
에이타	안녕하세요. **사장님**~ 202호인데요.
집주인	네. 안녕하세요. 무슨 일이세요?
에이타	**다름이 아니라** 집에 문제가 좀 생겼는데요.
집주인	네. 어떤 문제요?
에이타	갑자기 방에 불이 꺼졌어요.
	불이 안 들어오는데 어떻게 해야 할지 모르겠어요.
집주인	**두꺼비집** 확인해 봤어요?
에이타	네. 확인해 봤는데 문제 없는 것 같아요.
집주인	아, 그래요? 잠시만 기다려 주세요.
	제가 2층으로 내려가서 확인해 볼게요.

- **사장님:** 몡 한국에서는 보통 집주인을 '사장님' 또는 '선생님'으로 부르는 경우가 많음.

- **다름이 아니라~:** 관용구 다른 이유가 있는 게 아니라.
  통화의 목적을 말하기 전에 자주 사용하는 표현.

- **두꺼비집 (= 누전차단기):** 몡 두꺼비집의 원래 이름은 '누전차단기'.
  과전류가 흐를 때 큰 사고를 방지하기
  위해 차단하는 장치. 한국에서는 갑자기
  불이 꺼지거나 불이 안 들어올 때 가장
  먼저 확인하는 것이 두꺼비집.

1 문제 말하기

불이 안 들어오는데 어떻게 해야 할지 모르겠어요.

문제	
천장에서 물이 새다	
물이 안 나오다	
하수구가 막혔다	–은/는데 어떻게 해야 할지 모르겠어요.
창문이 안 닫히다	
난방이 안 되다	
윗집이 시끄럽다	

2 문제 확인하기

확인해 봤는데 문제 없는 것 같아요.

확인해 봤는데	괜찮다	–(으)ㄴ/는 것 같아요.
	이상 없다	
	고장(이) 나다	
	작동이 멈추다	

정쌤과 함께 대화 패턴을
연습해 봅시다!

듣기
talk!
talk!

🎧 3-2

집주인	여보세요.
에이타	안녕하세요. 사장님~ ① _____ 호인데요.
집주인	네. 안녕하세요. 무슨 일이세요?
에이타	② _____ 집에 문제가 좀 생겼는데요.
집주인	네. 어떤 문제요?
에이타	갑자기 방에 ③ _____.
	불이 안 들어오는데 ④ _____.
집주인	두꺼비집 확인해 봤어요?
에이타	네. 확인해 봤는데 문제 없는 것 같아요.
집주인	아, 그래요? 잠시만 기다려 주세요.
	제가 2층으로 내려가서 확인해 볼게요.

보기 와 같이 어휘를 골라 알맞게 쓰세요.

와이파이가 안 되다	에어컨이 안 되다	윗집이 너무 시끄럽다
가스 불이 안 들어오다	천장에서 물이 새다	변기가 막히다

보기

와이파이가 안 돼서 컴퓨터를 사용할 수 없어요.

1. _____ 화장실을 사용할 수 없어요.

2. _____ 요리를 못 하고 있어요.

3. _____ 물이 떨어져요.

4. _____ 방이 너무 더워요.

5. _____ 잠을 잘 수가 없어요.

UNIT 4

 **어휘** talk! talk! - **집안일**

청소기를 돌리다

(물/마른) 걸레질을 하다

설거지를 하다

세탁기를 돌리다

손빨래를 하다

건조대에 빨래를 널다

빨래를 개다

이불을 빨다
(= 이불 빨래를 하다)

빗자루로 바닥을 쓸다

창문을 닦다

(먼지떨이로) 먼지를 털다

쓰레기를 내놓다

침구를 정리하다

전등을 갈다

꽃에 물을 주다

밥을 하다 (= 밥을 짓다)

요리(를) 하다

아이를 돌보다

대화 talk! talk!

🎧 4-1

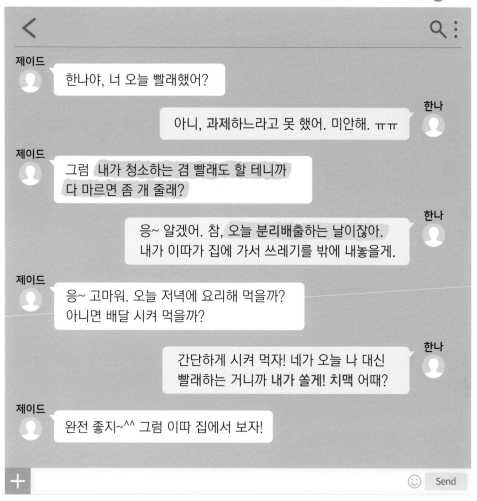

제이드
한나야, 너 오늘 빨래했어?

한나
아니, 과제하느라고 못 했어. 미안해. ㅠㅠ

제이드
그럼 내가 청소하는 겸 빨래도 할 테니까 다 마르면 좀 개 줄래?

한나
응~ 알겠어. 참, 오늘 분리배출하는 날이잖아. 내가 이따가 집에 가서 쓰레기를 밖에 내놓을게.

제이드
응~ 고마워. 오늘 저녁에 요리해 먹을까? 아니면 배달 시켜 먹을까?

한나
간단하게 시켜 먹자! 네가 오늘 나 대신 빨래하는 거니까 내가 쏠게! 치맥 어때?

제이드
완전 좋지~^^ 그럼 이따 집에서 보자!

Send

표현 talk! talk!

· **과제:** 명 보통 대학교에서 내는 숙제를 '과제'라고 한다.

· **분리배출:** 명 쓰레기를 종류별로 나누어서 밖에 내놓는 일.

· **내가 쏠게!:** 한국어 교재에서는 "한턱낼게!"라고 배우지만 보통 '한턱 쏘다'라는 표현을 많이 쓴다.

· **치맥:** 치킨+맥주

참고 피맥: 피자 + 맥주

삼소: 삼겹살 + 소주

1 집안일하기

내가 청소하는 겸 빨래도 할 테니까 다 마르면 좀 개 줄래?

동사		동사		동사	
밥하다	-는 겸	요리도 하다	· 받침 ○ + -을 테니까	설거지 좀 하다	· ㅏ, ㅗ + -아 줄래?
청소기 돌리다		걸레질도 하다	· 받침 ✕ + -ㄹ 테니까	쓰레기 좀 버리다	· ㅏ, ㅗ ✕ + -어 줄래?
창문 닦다		바닥도 닦다		걸레 좀 빨다	· 하다 = 해 줄래?

2 청소하는 날 말하기

오늘 분리배출하는 날이잖아.

오늘	대청소하다	-는 날이잖아.
	이불 빨래하다	
	꽃에 물을 주다	

정쌤과 함께 대화 패턴을
연습해 봅시다!

정쌤과 talk! talk!

듣기
talk! talk!

🎧 4-2

제이드   한나야, 너 오늘 ① ＿＿＿＿＿＿＿＿＿?

한나   아니, ② ＿＿＿＿＿＿＿＿＿ 못 했어. 미안해. ㅠㅠ

제이드   그럼 내가 ③ ＿＿＿＿＿＿＿＿＿ 할 테니까

다 마르면 좀 개 줄래?

한나   응~ 알겠어. 참, 오늘 ④ ＿＿＿＿＿＿＿ 하는 날이잖아.

내가 이따가 집에 가서 쓰레기를 밖에 ⑤ ＿＿＿＿＿＿＿＿＿.

제이드   응~ 고마워. 오늘 저녁에 요리해 먹을까? ⑥ ＿＿＿＿＿ 배달 시켜 먹을까?

한나   간단하게 시켜 먹자! 네가 오늘 나 대신

빨래하는 거니까 ⑦ ＿＿＿＿＿＿＿＿＿! 치맥 어때?

제이드   완전 좋지~^^ 그럼 이따 집에서 보자!

연습 talk! talk!

보기 와 같이 빈칸에 알맞은 단어를 쓰세요.

손빨래   분리배출   건조대   설거지

청소기   걸레질

보기

속옷은 세탁기보다 **손빨래**로 해야 더 잘 빨린다.

1. 저녁을 다 먹고 나서 ＿＿＿＿＿＿＿＿＿＿ 를 했다.

2. 방 안을 구석구석 ＿＿＿＿＿＿＿＿＿＿ 했다.

3. ＿＿＿＿＿＿＿＿＿＿ 에 빨래를 널었다.

4. 밤늦게 ＿＿＿＿＿＿＿＿＿＿ 를 돌리면 이웃에게 피해를 줄 수 있다.

5. 오늘은 ＿＿＿＿＿＿＿＿＿＿ 하는 날이라서 쓰레기를 밖에 내놓았다.

Chapter 02
공공시설

UNIT 5

😊 은행

은행 기본 용어

어휘	뜻	예문
예금(하다)	은행에 돈을 맡기는 일.	예 **예금한** 돈을 찾으려고 은행에 갔다왔다.
인출(하다)	은행에 예금한 돈을 찾음.	예 통장에서 20만 원을 **인출했다.**
저축(하다)	미래의 소비를 위해 현재 돈을 쓰지 않고 모아두는 일.	예 차를 사고 싶어서 **저축하고** 있다.
납부(하다)	세금이나 공과금 등의 돈을 관련 기간에 내는 일.	예 등록금을 학교 근처 은행에 **납부했다.**
대출(하다)	돈을 빌리다.	예 집을 사려고 은행에서 **대출**을 받았다.
상환(하다)	돈을 갚다.	예 은행에서 대출한 돈을 모두 **상환했다.**
계좌 이체(하다)	계좌에 있던 돈을 다른 계좌로 옮기거나 보내다.	예 은행에 직접 가지 않고 폰뱅킹으로 **계좌 이체**를 할 수 있다.
자동 이체(하다)	매월 납부자(돈을 내는 사람)의 계좌에서 일정 금액을 자동으로 인출하여 납부. 지정일(돈을 내야 하는 날)에 납부자가 지정한 은행의 계좌로 입금하는 서비스.	예 통신비를 **자동 이체**로 납부하고 있다.
무통장 입금	계좌 번호나 통장이 없을 경우에 폰뱅킹, 인터넷 뱅킹이나 직접 은행에 가서 가상 계좌에 입금하는 결제 방식.	예 **무통장 입금**을 하면 어느 은행이든 상관없이 돈을 송금할 수 있다.

※ 다른 은행에 송금할 경우 수수료가 발생할 수 있다.
※ 은행 업무는 평일(월~금) 오전 9시부터 오후 4시까지!

⊟ ATM (현금입출금·통장 정리기) 용어

❶ 예금 출금	❺ 신용카드
❷ 예금 조회	❻ 통장 정리
❸ 계좌 송금	❼ 기 타
❹ 입 금	❽ 취 소

① 예금 출금	돈을 찾음/뽑음.
② 예금 조회	통장 · 카드 잔액을 확인함.
③ 계좌 송금	돈을 보냄. (= 계좌이체)
④ 입 금	돈을 넣음.
⑤ 신용카드	신용카드로 현금을 찾음.
⑥ 통장 정리	통장 정리할 때 사용.

⊟ ATM/CD기 이용 방법

카드 삽입

거래 선택

계좌 선택

계좌 비밀번호 입력

안내 직원	어서 오세요. 어떻게 오셨어요?
원정	**환전하려고 하는데요.**
안내 직원	번호표를 뽑으시고, 1번 창구 앞에서 대기해 주세요. (= 기다려 주세요.)
원정	네, 감사합니다.

직원	고객님, 오래 기다리시게 해서 죄송합니다. 무엇을 도와드릴까요?
원정	**한국 돈을 중국 돈으로 환전하려고 하는데요.**
직원	네, 고객님. 오늘 환율은 1위안에 173원입니다.
원정	그럼 이 돈을 만 위안(CNY10,000)으로 환전해 주세요.
직원	네, 알겠습니다. 여권과 **원화**를 주시면 됩니다.
원정	네, 여기요.
직원	여기 환전 수수료를 제외한 금액입니다. 확인해 주세요.
원정	네, 확인했어요. 감사합니다.

- **환전하다:** 동 가지고 있는 돈을 다른 나라 돈으로 바꾸다.
- **원화:** 명 원을 단위로 하는 한국의 화폐.

1 은행에서 쓸 수 있는 표현

환전하려고 하는데요.

한국 돈을 중국 돈으로 환전하려고 하는데요.

상황	동사	
통장 및 체크카드 발급 받을 때	입출금이 가능한 체크카드를 만들다	-(으)려고 하는데요.
돈을 다른 사람에게 송금할 때	송금하다/계좌이체하다	
카드를 분실했을 때	카드를 재발급 받다	

※ 카드 발급받을 때 필요한 준비물: 외국인 등록증, 유효기간이 충분히 남은 여권, 본국의 신분증

이 돈을 만 위안(CNY10,000)으로 환전해 주세요.

이 돈을	송금하다/계좌이체하다	· ㅏ, ㅗ + -아 주세요.
	제 통장에 입금하다	· ㅏ, ㅗ ✕ + -어 주세요.
	인출하다	· 하다 = 해 주세요.

정쌤과 함께 대화 패턴을
연습해 봅시다!

정쌤과 talk! talk!

듣기
talk!
talk!

🎧 5-2

안내 직원	어서 오세요. 어떻게 오셨어요?
원정	① _____ 려고 하는데요.
안내 직원	번호표를 뽑으시고, 1번 창구 앞에서 ② _____ .
원정	네, 감사합니다.

직원	고객님, 오래 기다리시게 해서 죄송합니다. 무엇을 도와드릴까요?
원정	③ _____ 환전하려고 하는데요.
직원	네, 고객님. 오늘 환율은 1위안에 173원입니다.
원정	그럼 이 돈을 만 위안(CNY 10,000)으로 ④ _____ .
직원	네, 알겠습니다. 여권과 ⑤ _____ 를 주시면 됩니다.
원정	네, 여기요.
직원	여기 환전 수수료를 제외한 금액입니다. 확인해 주세요.
원정	네, 확인했어요. 감사합니다.

보기 와 같이 알맞은 단어를 골라 연결하세요.

보기

| 출금하다 | • | | • | ㉠ 돈을 갚다. |

1. 계좌 이체하다 •   • ㉡ 돈을 넣다.

2. 상환하다 •   • ㉢ 돈을 보내다.

3. 납부하다 •   • ㉣ 돈을 내다.

4. 입금하다 •   • ㉤ 돈을 찾다.

5. 분실하다 •   • ㉥ 돈을 잃어버리다.

😊 병원

 어휘 talk! talk! - 증상

코가 막히다

열이 나다 (발열)

콧물이 나다

가래가 끓다

목이 붓다

목이 쉬다

위가 쓰리다

소화가 안 되다 (소화불량)

속이 더부룩하다 (복부 팽만)

입맛이 없다 (식욕부진)

체중이 줄다 (체중 감소)

토하다 (구토)

배가 아프다 (복통)

구역질이 나다

설사가 나다

변비에 걸리다

뼈가 부러지다 (골절되다)

손·발이 저리다

코피가 나다

가슴 통증이 있다

숨이 차다

(머리가) 어지럽다

(혈변·혈뇨)을/를 보다

눈이 충혈되다

사랑니가 나다

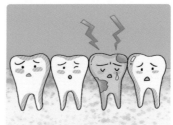

충치가 생기다

잇몸이 시리다

화상을 입다

몸이 가렵다

(몸에) 두드러기가 나다

멍이 들다

흉터/상처가 생기다

TIP! **병원에서 약국까지**

병원 방문 ➡ 접수 ➡ 진료 ➡ 검사/주사

➡ 수납 ➡ 약국 ➡ 귀가

● 질병/증상에 따른 병원 찾기

질병/증상	병원
감기에 걸렸을 때	
코가 막혔을 때	이비인후과
목이 부었을 때	
귀가 아플 때	
배가 아플 때 (위염·장염)	내과
소화가 안 될 때	
이가 아플 때 (치통)	치과
눈이 충혈됐을 때	안과
피부가 가려울 때	피부과
여드름이나 두드러기가 났을 때	
뼈가 부러졌을 때	정형외과
허리가 아플 때	
아이가 아플 때	소아과
혈뇨를 봤을 때	비뇨의학과 / 산부인과

1 접수하기

직원	안녕하세요. 어디가 불편하셔서 오셨어요?
환자	콧물이 나고 기침이 점점 심해져서 왔어요.
직원	저희 병원에 오신 적이 있으세요?
환자	아니요, 처음이에요. / 네, 지난번에 왔어요.
직원	외국인 등록증을 보여 주시고 연락처도 적어 주세요.
	혹시 보험 있으세요?
환자	네. 있어요.
직원	저쪽에 앉아서 기다리시다가 이름 부르면 오세요.

2 진료 받기

의사	어디가 불편하세요?
환자	콧물이 나고 계속 기침이 나요.
의사	언제부터 그러셨어요?
환자	한 3일쯤 됐어요.
의사	그래요? 어디 좀 봅시다. 목이 많이 부으셨네요.
환자	창문을 열고 잤더니 감기에 걸린 것 같아요.
의사	감기약 3일치 처방해 드릴게요.
	약 먹고 푹 쉬시면 금방 나을 겁니다.
	처방전은 접수처에서 받으시고 납부하시면 돼요.
환자	네. 알겠습니다. 감사합니다.

- **처방하다:** 동 병을 치료하기 위해 환자의 증상에 따라서 약을 짓다.
- **처방전:** 명 처방의 내용을 적은 종이.
- **납부하다:** 동 돈을 내다.

1 증상 말하기

콧물이 나고 계속 기침이 나요.

증상 ①		증상 ②	
토할 것 같다		속이 더부룩하다	
잇몸에서 피가 나다	-고	부어서 아프다	-아/어요.
숨이 차다		어지럽다	

2 원인과 증상 말하기

창문을 열고 잤더니 감기에 걸린 것 같아요.

원인		증상
밥을 급하게 먹다	· ㅏ, ㅗ + -았더니	체한 것 같아요.
어제 술을 많이 마시다	· ㅏ, ㅗ ✕ + -었더니	위가 쓰려요.
말을 많이 하다	· 하다 = 했더니	목이 아프고 가래가 끓어요.

정쌤과 함께 대화 패턴을
연습해 봅시다!

듣기 talk! talk!

🎧 6-2

1 접수하기

직원	안녕하세요. 어디가 불편하셔서 오셨어요?
환자	① _____ 나고 기침이 점점 ② _____ 왔어요.
직원	저희 병원에 오신 적이 있으세요?
환자	아니요, ③ _____ . / 네, ④ _____ 에 왔어요.
직원	외국인 등록증을 보여 주시고 연락처도 적어 주세요.
	혹시 보험 있으세요?
환자	네. 있어요.
직원	저쪽에 앉아서 기다리시다가 이름 부르면 오세요.

2 진료 받기

의사	어디가 불편하세요?
환자	콧물이 나고 계속 ① _____ .
의사	언제부터 그러셨어요?
환자	한 3일쯤 됐어요.
의사	그래요? 어디 좀 봅시다. 목이 많이 부으셨네요.
환자	② _____ 더니 감기에 걸린 것 같아요.
의사	감기약 3일치 처방해 드릴게요.
	약 먹고 푹 쉬시면 금방 나을 겁니다. ③ _____ 은 접수처에서 받으시고
	④ _____ 돼요.
환자	네. 알겠습니다. 감사합니다.

보기 와 같이 빈칸에 알맞은 단어를 쓰세요.

| 치과 | 내과 | 이비인후과 | 피부과 |

| 안과 | 정형외과 |

> **보기**
>
> 치통이 심할 때는 **치과**에 가야 한다.

1. 눈이 아파서 _____ 에 갔다왔다.

2. 감기에 걸려서 _____ 에 가서 진찰을 받고 왔다.

3. 팔에 두드러기가 나서 _____ 에 갔다.

4. 계속 설사를 해서 _____ 에 갔더니 장염이라고 한다.

5. 다리가 부러져서 _____ 에 가서 치료를 받았다.

우체국

단어	뜻
소포를 보내다 (= 부치다)	어떤 물건을 포장하여 우편으로 보내다.
저울에 물건을 재다	저울에 물건을 올려 놓고 무게를 재다.
보통 우편	일반적으로 보내는 우편. 보통 3~4일 걸림.
빠른 우편	접수한 날 다음 날까지 배달되는 우편. 보통 하루 정도 걸림.
특급 우편	특별히 빠르게 보내는 우편.
국제특급우편 (EMS)	우편물을 일정한 항공편으로 운송하고, 일정한 시각까지 배달하는 국제 우편 서비스.
배편	배로 소포나 택배를 싣고 가는 편.
항공편	비행기로 우편물을 싣고 가는 편.

우체국

노부코	안녕하세요. 소포 좀 **부치려고** 하는데요.
직원	안에는 뭐가 들어있나요?
노부코	옷이랑 책이요.
직원	소포 상자 **구입하실거죠?**
노부코	네, 가장 큰 박스로 주세요. 얼마예요?
직원	1,900원입니다. 저쪽에 가서 포장하시고 박스 위 종이에 받으실 분의 성함과 주소를 써 주세요.

노부코	포장 다 했는데요.
직원	어떻게 보내실 건가요?
노부코	국제EMS로 보내려고 하는데 얼마예요?
직원	소포를 저울 위에 올려 놓으시겠어요? 45,000원입니다.
노부코	도착하는 데 얼마나 걸려요?
직원	보통 일주일 정도 **소요됩니다.** 여기 영수증 받으세요.
노부코	네, 감사합니다.

- **부치다:** 동 편지나 물건 따위를 일정한 수단이나 방법을 써서 상대에게로 보내다.
- **구입하다:** 동 물건을 사들이다.
- **(이/가) 소요되다:** 동 (시간이) 걸리다.

1 소포 내용물 말하기

옷이랑 책이요.

내용물 ①		내용물 ②	
겨울 옷	· 받침 ○ + 이랑	신발	· 받침 ○ + -이요.
화장품	· 받침 ✕ + 랑	책	· 받침 ✕ + -요.
식품		반찬	

2 보내는 방법 말하기

국제EMS로 보내려고 하는데 얼마예요?

배편	
항공편	(으)로 보내려고 하는데 얼마예요?
특급 우편	

정쌤과 함께 대화 패턴을
연습해 봅시다!

정쌤과 talk! talk!

노부코　안녕하세요. 소포 좀 ① _____ 려고 하는데요.

직원　안에는 뭐가 들어있나요?

노부코　② _____ 이랑 ③ _____ 이요.

직원　④ _____ 구입하실거죠?

노부코　네, 가장 큰 박스로 주세요. 얼마예요?

직원　1,900원입니다. 저쪽에 가서 포장하시고 박스 위 종이에 받으실 분의 ⑤ _____ 과

주소를 써 주세요.

〰〰〰〰〰〰〰〰〰〰〰〰〰〰〰〰〰〰〰〰〰〰〰〰〰〰〰〰〰〰〰〰

노부코　⑥ _____ 다 했는데요.

직원　어떻게 보내실 건가요?

노부코　국제EMS로 ⑦ _____ 하는데 얼마예요?

직원　소포를 ⑧ _____ 위에 올려 놓으시겠어요? ⑨ _____ 입니다.

노부코　도착하는 데 ⑩ _____ ?

직원　보통 일주일 정도 소요됩니다. 여기 ⑪ _____ 받으세요.

노부코　네, 감사합니다.

연습 talk! talk!

보기 와 같이 알맞게 바꿔서 쓰세요.

| 부치다 | 소요되다 | 성함 | 구입하다 |
| 내용물 | 상자 |

보기
서울에서 부산까지 6시간 걸려요. → 서울에서 부산까지 6시간 **소요돼요.**

1. 안에 들어 있는 것은 옷이랑 책이에요. →   .

2. 여기에 이름을 써 주세요.   →   .

3. 택배를 보내려고 우체국에 갔다왔어요. →   .

4. 박스를 저울 위에 올려놓아 주세요.   →   .

5. 우체국에서 소포를 부치려고 소포 상자를 샀어요. →   .

UNIT 8

😊 출입국관리사무소

단어	뜻
전자민원	출입국관리사무소에 직접 가지 않고도 인터넷상에서 비자 연장 등 여러 업무를 안내 · 신청 · 발급 · 열람할 수 있는 서비스.
방문 예약	항공권이나 영화표 예매와 같이 민원인이 인터넷을 통해 편리한 날짜와 시간을 지정하여 출입국관리사무소에 방문 일정을 예약하는 제도. (입국한 다음 날부터 방문 예약이 가능하고 방문 전 예약 필수!)
외국인 등록증	90일을 초과하여 대한민국에 체류하려는 외국인에게 발급하는 문서. 외국인 등록증은 한국 내에서 자신의 신분을 증명할 때나, 각종 민원서류 발급과 은행, 공공기관을 이용할 때 꼭 필요하다. 외국인은 어디를 가든지 여권 또는 외국인 등록증을 항상 가지고 다녀야 한다.
비자를 연장하다	(비자의 일수를) 일정 기간보다 길게 늘리다.
등록증을 발급받다	증명서 따위를 발행하여 주는 것을 받다.
체류 기간 연장	이전에 허가받은 체류 기간을 초과하여 계속 대한민국에 체류하고자 하는 외국인은 체류기간 연장 허가를 받아야 한다. (체류 기간 연장을 신청하려고 하는 외국인은 현재의 체류 기간이 만료하기 4개월 전부터 만료 당일까지 신청하여야 한다.)
체류 자격 변경	대한민국에 체류하는 외국인이 현재 체류 자격에 해당하는 활동을 중지하고 다른 체류 자격에 해당하는 활동을 하고자 하는 경우.
체류 자격 외 활동	체류 외국인이 현재의 체류 자격을 가지고 있으면서 그 체류 자격에 관련되는 활동외의 다른 활동(시간제 아르바이트 등)을 병행하여 하고자 하는 경우.

※ 그 외 출입국/체류 관련 정보는 하이코리아(https://www.hikorea.go.kr)에서 정보광장(Information sharing corner)-출입국/체류안내(Immigration/Stay Guide)나 외국인종합안내센터(1345)에서 확인하실 수 있어요!

🎧 8-1

(📢안내 방송) 343번 고객님, 1번 **창구**로 오십시오.

직원   안녕하세요. **신분증** 좀 보여 주세요.

줄리아   네, 여기요.

직원   예약 번호와 이름 확인할게요.

            무엇을 도와드릴까요? / 어떻게 오셨어요?

줄리아   외국인 등록증을 신청하려고 하는데요.

직원   등록에 필요한 신청 **서류를 제출**해 주세요. 통합 신청서 **양식 작성**하셨나요?

줄리아   네, 여기 있습니다.

직원   1층에서 외국인 등록증 **발급 비용**을 먼저 **지불**하셔야 합니다.

            등록증은 **방문 수령**하시겠어요?

줄리아   아니요, 우편으로 받을게요.

직원   그럼 발급 수수료 비용과 함께 배송비도 **납부**해 주시고 다시 올라와 주세요.

줄리아   네, 알겠습니다.

줄리아   여기 영수증이요.

직원   네, 여기에 **지문 인식**을 해 주세요.

줄리아   네, 다 했어요.

직원   네, 수고하셨습니다. 2주에서 한 달 후에 등록증을 **자택**에서 받아보실 수 있습니다.

줄리아   네, 감사합니다. 수고하세요.

- **창구:** 몡 은행과 같은 기관에서 손님과 돈, 물건 등을 직접 주고받을 수 있게 설치한 장소나 부서.
- **신분증:** 몡 신분을 확인해 주는 내용을 적은 증명서. 여권, 외국인 등록증 등이 있다.
- **서류를 제출하다:** 동 서류를 내놓다. (비자 종류에 따라 제출해야 하는 서류가 다르다)
- **양식:** 몡 어떤 일을 하는 데 필요한, 일정한 형식이나 방식.
- **작성하다:** 동 서류나 원고 등에 자신의 정보를 쓰다.

- **발급 비용:** 몡 증서 따위를 발행하는 데 드는 돈.
- **지불하다:** 동 (돈을) 내다.
- **방문 수령:** 몡 장소에 직접 찾아가서 돈이나 물품을 받음.
- **납부하다:** 동 세금이나 공과금을 기관에 내다.
- **지문 인식:** 몡 지문은 손가락 끝에 있는 살갗의 무늬인데 사람마다 모양이 다르기 때문에 본인임을 확인할 때 사용함.
- **자택:** 몡 자기 집.

1 출입국 관련 업무 보기

외국인 등록증을 신청하려고 하는데요.

업무	
비자를 연장하다 (= 체류 기간을 연장하다)	-(으)려고 하는데요.
외국인 등록증을 재발급 받다	
외국인 등록증을 반납하다	

2 등록증 받기

아니요, 우편으로 받을게요.

아니요,	배송하다	· ㅏ, ㅗ + -아 주세요. · ㅏ, ㅗ ✕ + -어 주세요. · 하다 = 해 주세요.
	우편으로 보내다	
네,	직접 와서 받다	-(으)ㄹ게요.
	방문 수령하다	

정쌤과 함께 대화 패턴을
연습해 봅시다!

정쌤과 talk! talk!

듣기 talk! talk!

🎧 8-2

(📢 안내 방송) 343번 고객님, 1번 ① _____ 로 오십시오.

직원   안녕하세요. 신분증 좀 보여 주세요.

줄리아   네, 여기요.

직원   예약 번호와 이름 확인할게요. 무엇을 도와드릴까요? / 어떻게 오셨어요?

줄리아   ② _____ 려고 하는데요.

직원   등록에 필요한 신청 서류를 ③ _____.

        통합 신청서 ④ _____ 작성하셨나요?

줄리아   네, 여기 있습니다.

직원   1층에서 외국인 등록증 ⑤ _____ 을 먼저 지불하셔야 합니다.

        등록증은 방문 수령하시겠어요?

줄리아   아니요, ⑥ _____ 으로 받을게요.

직원   그럼 발급 수수료 비용과 함께 배송비도 ⑦ _____ 해 주시고

        다시 올라와 주세요.

줄리아   네, 알겠습니다.

줄리아   여기 영수증이요.

직원   네, 여기에 ⑧ _____ 을 해 주세요.

줄리아   네, 다 했어요.

직원   네, 수고하셨습니다. 2주에서 한 달 후에 등록증을 ⑨ _____ 에서

        받아보실 수 있습니다.

줄리아   네, 감사합니다. 수고하세요.

연습
talk!
talk!

보기 와 같이 알맞은 단어의 뜻을 골라 연결하세요.

보기 발급 비용 •   • ㉠ 돈을 내다.

1. 비자 연장 •   • ㉡ (서류를) 내놓다.

2. 제출하다 •   • ㉢ 장소에 직접 찾아가서 받음.

3. 방문 수령 •   • ㉣ 증서를 받는 데 드는 돈.

4. 신분증 •   • ㉤ 체류 기간을 연장함.

5. 지불하다 •   • ㉥ 외국인 등록증

UNIT 9

💬 긴급 상황 대처법

🐰 **어휘** talk! talk! ━ 사건·사고

(집에) 도둑이 들다

(집에) 불이 나다 (= 화재가 나다)

교통사고가 나다

(길에서) 소매치기를 당하다

(버스에서) 성추행을 당하다

길을 잃어버리다

감전되다

물에 빠지다

(높은 곳에서) 떨어지다 (= 추락하다)

(계단에서) 넘어지다

(길에서) 미끄러지다

쓰러지다/쓰러진 사람이 있다

54 **Chapter 02 공공시설**

대화 talk! talk!

1 119에 신고하기

구급대원   네, 119입니다.

신고자   여보세요.

구급대원   네, 말씀하세요.

신고자   옆집에 불이 났는데요.
        연기가 너무 심해서 앞이 안 보일 정도예요.

구급대원   주소지가 어떻게 되시죠?

신고자   강서구 한글 아파트 2동 301호예요.

구급대원   다치신 데는 없으세요?

신고자   네, 저는 괜찮아요.

구급대원   안전한 곳으로 대피해 주시고 조금만 기다려 주세요. 출동하겠습니다.

2 112에 신고하기

경찰관   네, 긴급신고 112입니다.

신고자   저기… 지금 집에 들어왔는데 도둑이 든 것 같아요.
        집안도 어질러져 있고 창문도 다 깨져 있어요.

경찰관   많이 놀라셨겠어요. 주소지 좀 알려 주시겠어요?

신고자   네, 강서구 한글 아파트 2동 204호예요.

경찰관   일단 아무것도 건드리지 마시고 그대로 두세요. 지금 출동하겠습니다.

신고자   네, 빨리 좀 와 주세요.

 표현 talk! talk!

· **((으)로) 대피하다:** 동 위험을 피해 안전한 곳으로 일시적으로 피하다.

· **출동하다:** 동 부대 따위가 일정한 목적을 실행하기 위해 떠나다.

1 119에 신고하기

옆집에 불이 났는데요. 연기가 너무 심해서 앞이 안 보일 정도예요.

신고 내용		상황 설명
길에 사람이 쓰러져 있다	-는데요.	아무리 불러도 의식이 없어요.
계단에서 넘어졌다		너무 아파서 몸을 움직일 수가 없어요.

2 112에 신고하기

지금 집에 들어왔는데 도둑이 든 것 같아요. 집안도 어질러져 있고 창문도 다 깨져 있어요.

신고 내용		상황 설명
등산을 하다가 길을 잃어버렸다	-는데	여기가 어디인지 잘 모르겠어요.
길에서 소매치기를 당했다		제 지갑을 꼭 찾고 싶어요.

정쌤과 함께 대화 패턴을
연습해 봅시다!

1 119에 신고하기

구급대원 네, 119입니다.

신고자 여보세요.

구급대원 네, 말씀하세요.

신고자 옆집에 불이 났는데요. ① _____ 앞이 안 보일 정도예요.

구급대원 ② _____ 가 어떻게 되시죠?

신고자 강서구 한글 아파트 2동 301호예요.

구급대원 다치신 데는 없으세요?

신고자 네, 저는 괜찮아요.

구급대원 안전한 곳으로 ③ _____ 조금만 기다려 주세요.

④ _____ .

2 112에 신고하기

경찰관 네, ① _____ 112입니다.

신고자 저기… 지금 집에 들어왔는데 ② _____ .

집안도 어질러져 있고 창문도 다 깨져 있어요.

경찰관 많이 ③ _____ . 주소지 좀 알려 주시겠어요?

신고자 네, 강서구 한글 아파트 2동 ④ _____ 예요.

경찰관 일단 아무것도 ⑤ _____ 그대로 두세요. 지금 출동하겠습니다.

신고자 네, 빨리 좀 와 주세요.

연습
talk!
talk!

보기 와 같이 그림을 보고 알맞은 단어를 쓰세요.

보기

감전되다

_____

_____

_____

_____

_____

Chapter 03

편의시설

UNIT 10

💬 식당

🐰 어휘 talk! talk! ● 한국 사람들이 즐겨먹는 음식

순댓국	육회
보쌈	족발
해물 파전	곱창

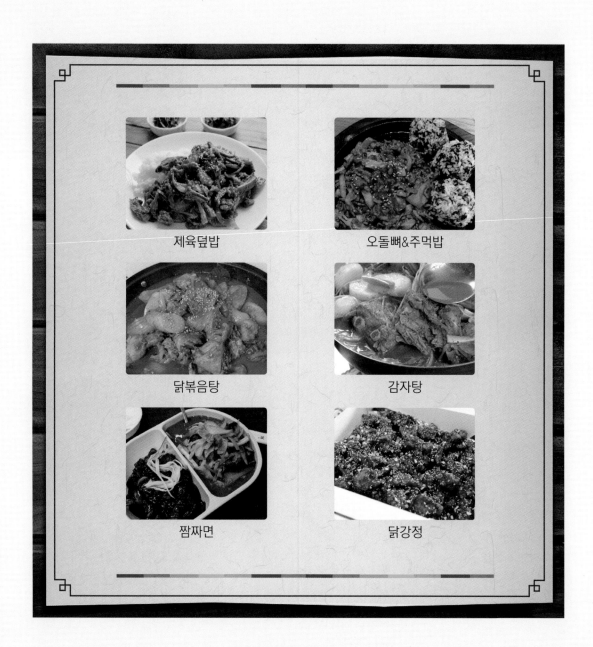

제육덮밥

오돌뼈&주먹밥

닭볶음탕

감자탕

짬짜면

닭강정

 🎧 10-1

1 식당에서

3500원
4000원
7000원

직원 어서오세요. 몇 분이세요?

앤 2명(두 명)이요.

직원 네, 이쪽으로 앉으세요. 뭐 드시겠어요?

앤 케빈 씨, 뭐 먹을까요?

케빈 **점심이니까 간단하게 먹어요.**

전 참치김밥 먹을게요. 앤 씨는요?

앤 전 **날이 더우니까 냉면 먹을래요.**

케빈 네. 알겠어요. 사장님, 여기 참치김밥 **한 줄**이랑 냉면 **한 그릇**이요.

직원 냉면은 **물냉, 비냉** 중에 어떤 거 드릴까요?

앤 물냉으로 주세요.

직원 주문 확인할게요. 참치김밥 한 줄, 물냉 한 그릇 맞으시죠?

케빈 네. 맞아요.

직원 네, 알겠습니다. 잠시만 기다려 주세요.

2 추가 주문/요청하기

물은 셀프
(Self) 입니다

(고깃집에서)

앤 **여기요~** 김치 좀 더 주세요.

직원 네, 알겠습니다.

앤 그리고 물도 좀 주시고 **고기 불판 좀 갈아 주세요.**

직원 물은 **셀프**입니다. 직접 가져다 드세요~

 **표현** talk! talk!

- **한 줄:** 몡 길이로 죽 벌이거나 늘여 있는 것을 세는 단위. 김밥, 달걀말이 등에 사용할 수 있다.
- **한 그릇:** 몡 그릇에 담아 그 분량을 세는 단위. 국수, 냉면, 짜장면, 라면 등에 사용할 수 있다.
  - 예 김밥 **두 줄**에 치즈라면 **한 그릇**을 먹었다.
- **물냉:** 물냉면의 준말. 한국 사람들이 물냉면을 주문하거나 말할 때 '물냉'이라고 한다.
- **비냉:** 비빔냉면의 준말. 한국 사람들이 비빔냉면을 주문하거나 말할 때 '비냉'이라고 한다.
- **여기요~:** 식당에서 음식 주문하거나 추가할 때 보통 식당 직원에게 "아저씨"나 "아줌마"로 부르지 않고 "여기요~" 또는 "저기요~"라고 부른다.
- **셀프(Self):** 음식점에서 서비스의 일부를 손님이 스스로 하는 방식. '셀프 서비스'라고도 한다.

패턴 talk! talk!

1 메뉴 정하기

점심이니까 간단하게 먹어요.

명사		권유
회식	· 받침 ○ + 이니까	많이 먹어요.
오늘 첫 끼	· 받침 ✕ + 니까	든든하게 먹어요.
모임 *뒤풀이		간단하게 마셔요.

*뒤풀이: 어떤 일이나 모임을 끝낸 뒤에 서로 모여 간단하게 술을 마시거나 노는 일

날이 더우니까 냉면 먹을래요.

동사		메뉴 선택	
고기가 *당기다	· 받침 ○ + -으니까	삼겹살 먹다	· 받침 ○ + -을래요.
배가 많이 고프다	· 받침 ✕ + -니까	냉면이랑 돈까스 먹다	· 받침 ✕ + -ㄹ래요.
밥은 많이 먹었다		맥주만 한잔하다	
요즘 다이어트하다		샐러드만 먹다	

*(이/가) 당기다: 통 먹거나 마시고 싶은 마음이 들다

2 추가 주문/요청하기

김치 좀 더 주세요.

추가 주문할 것				동사	부탁
메뉴판	반찬	물	좀	더 주다	· 받침 ○ + -으세요.
물티슈	밥	휴지		주다	· 받침 ✕ + -세요.

고기 불판 좀 갈아 주세요.

요청할 것		요청	부탁
김치찌개	좀	짜지 않게 하다	· ㅏ, ㅗ + -아 주세요.
떡볶이		덜 맵게 하다	· ㅏ, ㅗ ✕ + -어 주세요.
찌개에 들어있는 고추		빼다	· 하다 = 해 주세요.

정쌤과 함께 대화 패턴을
연습해 봅시다!

정쌤과 talk! talk!

1 식당에서

직원	어서오세요. 몇 분이세요?
앤	2명(두 명)이요.
직원	네, 이쪽으로 앉으세요. 뭐 드시겠어요?
앤	케빈 씨, 뭐 먹을까요?
케빈	점심이니까 ① _____ 먹어요. 전 참치김밥 먹을게요. 앤 씨는요?
앤	전 날이 더우니까 ② _____.
케빈	네. 알겠어요. 사장님, 여기 참치김밥 ③ _____ 이랑 냉면 ④ _____ 이요.
직원	냉면은 물냉, 비냉 중에 어떤 거 드릴까요?
앤	⑤ _____.
직원	주문 확인할게요. 참치김밥 한 줄, 물냉 한 그릇 맞으시죠?
케빈	네. 맞아요.
직원	네, 알겠습니다. 잠시만 기다려 주세요.

2 추가 주문/요청하기

(고깃집에서)

앤	여기요~ 김치 좀 더 주세요.
직원	네, 알겠습니다.
앤	그리고 물도 좀 주시고 고기 불판 좀 ① _____.
직원	물은 ② _____ 입니다. 직접 가져다 드세요~

연습
talk!
talk!

보기 와 같이 알맞게 바꿔서 쓰세요.

| 더 주세요 | 여기요 | 갈아 주세요 | 뒤풀이 |

| 당기네요 | 메뉴판 |

보기

사장님~ 여기 상추 좀 더 주세요.

1. _____을 보고 김치찌개를 골랐다.

2. 모임이 끝난 후에 사람들과 술집에서 _____를 했다.

3. 비가 오니까 해물 파전이 _____.

4. _____. 반찬 좀 더 주시겠어요?

5. 고기가 타니까 새 불판으로 _____.

😊 카페

어휘 talk! talk! - 음료

에스프레소

아메리카노

카푸치노

카페라테

카페모카

버블티

녹차

유자차

코코아

탄산수

스무디

이온 음료

대화 talk! talk!

직원   안녕하세요, 주문하시겠어요?

아야노   **아메리카노 두 잔이랑 치즈 케이크 하나 주세요.**

직원   아메리카노는 아이스로 드릴까요? 따뜻한 걸로 드릴까요?

아야노   **한 잔은 아이스로 주시고요,**

           다른 한 잔은 따뜻한 걸로 해 주세요.

직원   사이즈는 어떤 걸로 하시겠어요?

아야노   두 잔 다 **톨(tall)**로 주세요.

직원   네, 주문 확인할게요.

           아이스 아메리카노 톨 한 잔, 따뜻한 아메리카노 톨 한 잔, 치즈 케이크, 맞으세요?

아야노   네, 맞아요.

직원   드시고 가세요?

아야노   네, 여기서 마실 거예요.

직원   **포인트 적립 가능한 멤버십 카드 있으세요? / 포인트 적립하시겠어요?**

아야노   아니요, 없어요.

직원   네, 알겠습니다. 주문 번호 불러 드릴게요.

아야노   감사합니다.

표현 talk! talk!

· **톨(tall):** 국내 컵 사이즈 중에 중간 사이즈.

· **포인트 적립 가능한 멤버십 카드 있으세요? / 포인트 적립하시겠어요?**

   : 한국에서는 멤버십 제도가 잘 되어 있기 때문에 프랜차이즈 식당이나 카페 등에서 결제할 때 직원들이
      포인트를 적립을 할 것인지에 대해 자주 물어본다.

1 커피 주문하기

아메리카노 두 잔이랑 치즈 케이크 하나 주세요.

음료		음료&디저트	
카페라테 한 잔	· 받침 ○ + 이랑	티라미수	주세요.
아이스 아메리카노 한 잔	· 받침 ✕ + 랑	버블티 한 잔	

2 요청하기

한 잔은 아이스로 주시고요, 다른 한 잔은 따뜻한 걸로 해 주세요.

요청 ①		요청 ②	
얼음은 적게 넣다	· ㅏ, ㅗ + -아 주시고요	시럽은 조금만 넣다	· ㅏ, ㅗ + -아 주세요.
휘핑 크림은 빼다	· ㅏ, ㅗ✕ + -어 주시고요	디카페인으로 하다	· ㅏ, ㅗ✕ + -어 주세요.
	· 하다 = 해 주시고요		· 하다 = 해 주세요.

정쌤과 함께 대화 패턴을
연습해 봅시다!

정쌤과 talk! talk!

직원 안녕하세요, 주문하시겠어요?

아야노 아메리카노 ① _____ 이랑 치즈 케이크 하나 주세요.

직원 아메리카노는 아이스로 드릴까요? 따뜻한 걸로 드릴까요?

아야노 한 잔은 ② _____ 로 주시고요,

다른 한 잔은 ③ _____ 걸로 해 주세요.

직원 사이즈는 어떤 걸로 하시겠어요?

아야노 두 잔 다 ④ _____ 로 주세요.

직원 네, 주문 확인할게요.

아이스 아메리카노 톨 한 잔, 따뜻한 아메리카노 톨 한 잔, 치즈 케이크 맞으세요?

아야노 네, 맞아요.

직원 드시고 가세요?

아야노 네, 여기서 ⑤ _____ .

직원 포인트 ⑥ _____ 한 멤버십 카드 있으세요? / 포인트 적립하시겠어요?

아야노 아니요, 없어요.

직원 네, 알겠습니다. 주문 번호 불러 드릴게요.

아야노 감사합니다.

연습
talk!
talk!

보기 와 같이 빈칸에 알맞은 단어를 쓰세요.

| 적립 | 그런데 | 아이스 | 주문 번호 |
| 포인트 | 주문했어요 |

보기

적립 가능한 멤버십 카드 있으세요?

1. 오늘은 더우니까 _____ 카페라테 한 잔 하고 싶어.

2. _____ 알려 드릴게요. 잠시 앉아 계세요.

3. _____ 사이즈는 좀 크니까 톨 사이즈로 마실게요.

4. 아이스 아메리카노 한 잔을 _____.

5. 카드 _____가 많이 쌓이면 현금 대신 사용해서 물건을 살 수 있어요.

😊 미용실

 **어휘** talk! talk! ● 헤어스타일 종류

생머리

파마 머리

웨이브 *파마

볼륨 매직

볼륨 *파마

숏컷

가르마 펌 (5:5펌)

투블럭

포마드

포니테일

시스루뱅

일자 단발

미용실 표현

머리를 (짧게) 자르다

머리를 다듬다

머리를 밀다/깎다

숱(을) 치다

층(을) 내다

눈썹을 다듬다

두피케어(를) 하다

클릭닉을 받다/트리트먼트 하다

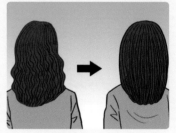
매직(을) 하다

고데기(를) 하다

드라이하다

샴푸하다

*파마=펌

🎧 12-1

직원	어서오세요. 어떻게 해 드릴까요?
로라	**염색하고 파마하고 싶은데요.**
직원	가방하고 **겉옷** 주시고, 앉아서 기다리세요.
로라	네, 감사합니다.
직원	뭐 **마실 것** 좀 드릴까요?
	(아이스티 / 콜라 / 녹차 / 오렌지주스)
로라	아이스티로 주세요.

(잠시 후)

직원	먼저 샴푸해 드릴게요. 이쪽으로 오세요.
로라	네.

(샴푸 후)

직원	어떤 색으로 염색하고 싶으세요?
로라	브라운 색으로 염색하고 싶은데요.
	(사진을 보여주며) 그리고 파마는 이런 스타일 하고 싶어요.
직원	아~ 네! 자연스럽게 하고 싶으신 거죠?
	길이는 어떻게 해 드릴까요?
로라	네, **기장(길이)은 조금만 잘라 주시고 좀 다듬어 주세요.**

- **겉옷:** 명 겉에 입는 옷.
- **마실 것:** 명 마실 음료.

1 하고 싶은 헤어스타일 말하기

염색하고 파마하고 싶은데요.

다듬다		염색하다	
투블럭으로 자르다	-고	클리닉 받다	-고 싶은데요.
앞머리 좀 자르다		단발로 자르다	

기장(길이)은 조금만 잘라 주시고 다듬어 주세요.

옆에만 살짝 다듬다	· ㅏ, ㅗ + -아 주시고	숱은 너무 많이 치다	-지 마세요.
기장은 어깨선까지 자르다	· ㅏ, ㅗ ✕ + -어 주시고	밑에 숱 좀 치다	· ㅏ, ㅗ + -아 주세요.
옆머리는 짧게 밀다	· 하다 = 해 주시고	구레나룻은 남기다	· ㅏ, ㅗ ✕ + -어 주세요. · 하다 = 해 주세요.

정쌤과 함께 대화 패턴을
연습해 봅시다!

듣기
talk!
talk!

🎧 12-2

직원	어서오세요. 어떻게 해 드릴까요?
로라	염색하고 ① _____ 고 싶은데요.
직원	가방하고 ② _____ 주시고, 앉아서 기다리세요.
로라	네, 감사합니다.
직원	뭐 ③ _____ 좀 드릴까요? (아이스티 / 콜라 / 녹차 / 오렌지주스)
로라	아이스티로 주세요.

(잠시 후)

직원	먼저 ④ _____. 이쪽으로 오세요.
로라	네.

(샴푸 후)

직원	어떤 색으로 염색하고 싶으세요?
로라	브라운 색으로 염색하고 싶은데요.
	(사진을 보여주며) 그리고 파마는 이런 스타일 하고 싶어요.
직원	아~ 네! ⑤ _____ 하고 싶으신 거죠?
	길이는 어떻게 해 드릴까요?
로라	네, 기장(길이)은 조금만 ⑥ _____ 좀 다듬어 주세요.

연습
talk!
talk!

다음 문장을 보기 와 같이 알맞게 바꿔서 쓰세요.

보기

앞머리를 시스루뱅으로 자르다 + 숱 좀 치다

→ 앞머리를 시스루뱅으로 잘라 주시고 숱 좀 쳐 주세요.

1. 투블럭으로 자르다 + 구레나룻은 남기다

→ _____ .

2. 브라운으로 염색하다 + 뒤에 짧게 자르다

→ _____ .

3. 어깨 바로 위까지 자르다 + 웨이브 파마하다

→ _____ .

4. 단발로 자르다 + 볼륨매직하다

→ _____ .

5. 옆머리만 살짝 다듬다 + 트리트먼트 하다

→ _____ .

MEMO

Chapter 04
대중교통

UNIT **13**

😊 공항

편도 항공권

왕복 항공권

항공권을 예매하다

비행기 조종사/승무원

(항공권을) 발권하다

체크인(Check in)을 하다
= 탑승 수속을 밟다

위탁 수하물을 부치다

기내 수하물을 가지고 타다

수하물 및 보안 검사

면세점에서 쇼핑하다

탑승이 지연되다/
비행기가 연착되다

(비행기에) 탑승하다

(비행기가) 이륙하다

(비행기가) 착륙하다

기내식을 먹다

제이드
나현아, 어디야? 나 공항 도착했어~

나현
지금 택시 타고 가고 있는데… 제이드, 어떡하지?
비행기가 1시간 **연착됐다고** 알림 메시지가 왔어.

✉ 알림톡 도착

[톡톡항공 항공기 지연 안내]
2022-10-01 김포출발/제주도착 1C234편
톡톡항공 **기상 악화로** 인해 1시간 지연되어
13시 10분 출발로 변경됨을 알려드립니다.
이용에 불편을 끼쳐드려 대단히 죄송합니다.

제이드
아… **안 그래도** 오늘 비 와서 차 막힐까 봐
3시간이나 일찍 공항에 **도착했는데**…ㅠㅠ

나현
그래도 늦게 도착하는 것보단 낫잖아~
일단 나 공항에 도착하면 체크인부터 하자.
혹시 위탁 수하물로 부칠 거 있어?

제이드
아니, 체크인 빨리 하려고 기내에 가지고 탈 수 있는
캐리어에 **짐을 쌌어.**

나현
나도 작은 캐리어 하나 가지고 가는 중이야.

제이드
그럼 아직 시간 많이 남았으니까 면세점에서 쇼핑할까?

나현
그래, 좋아!

＋   ☺ Send

· **(이/가) 연착되다:** 동 버스나 비행기 등이 정해진 시간보다 늦게 도착되다.

· **기상 악화:** 명 날씨 상태가 나빠짐.

· **안 그래도(= 그렇지 않아도) V/A-은/는데**

   (1) 다른 사람이 시키거나 말하지 않아도 원래 어떤 행동을 하려고 했거나 생각하고 있었다는 표현.

       예 안 그래도 너한테 연락하려고 했는데 집에 잘 들어갔어?

   (2) 뒤의 부정적인 내용이 한층 더 심해질 때 쓰는 표현.

       예 안 그래도 회사 일 때문에 힘든데 남자친구도 저를 힘들게 해요.

· **짐(을) 싸다:** 동 여행을 가기 위해서 필요한 물건을 가방에 넣다.

1 공항에서 할 일 정하기

일단 나 공항에 도착하면 체크인부터 하자.

	먼저 해야 할 일		다음 할 일		
일단	탑승 수속 다 밟다	-(으)면	면세점 구경	부터	하자.
	수하물 부치다		밥		먹자
	보안 검사 끝나다		화장실		가자.

아직 시간 많이 남았으니까 면세점에서 쇼핑할까?

현재 상황		할 일 제안
비행기 타려면 아직 멀었다	· 받침 ○ + -으니까	커피 한잔 할까?
체크인하는 대기줄이 많이 길다	· 받침 ✕ + -니까	화장실에 갔다 올까?
제주도에 도착하려면 멀었다		영화 한 편 볼까?

정쌤과 함께 대화 패턴을
연습해 봅시다!

정쌤과 talk! talk!

듣기
talk! talk!

🎧 13-2

제이드	나현아, 어디야? 나 공항 도착했어~

나현   지금 택시 타고 가고 있는데… 제이드, 어떡하지?

비행기가 1시간 ① _____ 알림 메시지가 왔어.

> ✉ **알림톡 도착**
>
> **[톡톡항공 항공기 지연 안내]**
>
> 2022-10-01 김포출발/제주도착 1C234편
>
> 톡톡항공 ② _____ 로 인해 1시간
>
> ③ _____ 13시 10분 출발로 변경됨
>
> 을 알려드립니다. 이용에 불편을 끼쳐드려 대
>
> 단히 죄송합니다.

제이드   아… ④ _____ 오늘 비 와서 차 막힐까 봐

3시간이나 일찍 공항에 ⑤ _____ …ㅠㅠ

나현   그래도 늦게 도착하는 것보단 낫잖아~

일단 나 공항에 도착하면 ⑥ _____ 부터 하자.

혹시 ⑦ _____ 로 부칠 거 있어?

제이드   아니, 체크인 빨리 하려고 ⑧ _____ 에 가지고 탈 수 있는

캐리어에 짐을 쌌어.

나현   나도 작은 캐리어 하나 가지고 가는 중이야.

제이드   그럼 아직 시간 많이 ⑨ _____ 면세점에서 쇼핑할까?

나현   그래, 좋아!

연습
talk!
talk!

보기 와 같이 같거나 비슷한 어휘를 찾아서 연결하세요.

| 보기 | 탑승 지연되다 | • ————————— • | ㉠ 연착되다. |

1. 짐을 부치다 •   • ㉡ 스튜어디스/스튜어드

2. 체크인을 하다 •   • ㉢ 수하물을 부치다.

3. 착륙하다 •   • ㉣ 태풍, 폭설

4. 기상 악화 •   • ㉤ 탑승 수속을 밟다.

5. 승무원 •   • ㉥ (비행기가) 땅 위에 내리다.

🗨 버스 정류장

어휘 -버스 용어

시내 버스

(좌석)에 앉다

카드를 찍다

노약자석 /
임산부 배려석

자리를 양보하다

하차 벨을 누르다

(버스에) 올라타다
(= 승차하다)

(버스에서) 내리다
(= 하차하다)

버스가 멈추다
(= 정차하다)

고속버스 터미널

승차권을 예매하다

고속도로 휴게소

버스가 완전히
정차한 후
자리에서
일어나 하차하세요

= 버스가 완전히 멈춘 후에 자리에서 일어나 버스에서 내리세요.

유라	지니야, 내일 우리 부산 가기로 했잖아. 비행기 **표 끊었지**?
지니	아! 맞다! **나 이번 주 내내 바빠서 표 끊는 걸 깜빡했어.** 미안해… 어떡하지?
유라	으휴~ 어쩔 수 없지, 뭐. KTX 표라도 알아 보자. 내일 당장 가야 하는데 있을지 모르겠네.
지니	KTX는 비행기보다 비싼데… 그냥 고속버스 타고 갈까?
유라	고속버스? 얼마나 걸리는데?
지니	한 4시간쯤…? 그래도 **우등 버스** 타고 가면 편하게 갈 수 있고 휴게소에도 들리니까 괜찮을 거야.
유라	나 **차멀미** 심한데…
지니	멀미약 먹고 타면 문제 없을 거야. 만약 멀미가 나면 껌을 씹거나 잠을 자면 돼. 그리고 맛있는 휴게소 음식도 많으니까 내가 사 줄게~
유라	흠~ 알겠어. 그럼 앞에서 두 번째 좌석에 같이 앉자.
지니	알겠어. 내가 지금 버스 예매 **어플**로 표 끊을게.

- **표(를) 끊다:** 동 표를 사다.
- **우등 버스:** 한국 고속버스에는 좌석에 등급이 있는데 프리미엄-우등-일반으로 나눌 수 있다.

프리미엄 (21인승)

우등 (28인승)

일반 (45인승)

- **차멀미:** 차를 탔을 때 머리가 어지럽고 속이 안 좋아서 토할 것 같은 증세.
- **어플:** 앱(app)이나 애플리케이션(application)이 표준어지만 한국 사람들은 '어플'이라고 말한다.

1 서로 정한 계획 다시 한번 확인하기

내일 우리 부산 가기로 했잖아. 비행기 표 끊었지?

시간	약속		해야 할 일을 했는지 확인	
주말에	제주도 여행 가다		항공권 예매했다	
오늘 같이	저녁 먹다	-기로 했잖아.	식당 예약했다	-지?
내일	춘천에 놀러가다		기차표 끊었다	

2 해야 할 일을 하지 못한 이유 말하기

나 이번 주 내내 바빠서 표 끊는 걸 깜빡했어.

해야 할 일을 하지 못한 이유		기억하고 해야 했던 일	
과제가 많다	· ㅏ, ㅗ + -아서	항공권 예매하다	
회사 일이 바쁘다	· ㅏ, ㅗ✕ + -어서	식당 예약하다	-는 걸 깜빡했어.
다른 약속이 생기다	· 하다 = 해서	너한테 못 간다고 말해야 하다	

정쌤과 함께 대화 패턴을
연습해 봅시다!

듣기
talk! talk!

🎧 14-2

유라	지니야, 내일 우리 부산 가기로 했잖아. 비행기 표 ① ＿＿＿＿＿＿＿＿＿?
지니	아! 맞다! 나 이번 주 내내 바빠서 표 끊는 걸 ② ＿＿＿＿＿＿＿.
	미안해… 어떡하지?
유라	으휴~ 어쩔 수 없지, 뭐. KTX 표라도 알아 보자.
	내일 당장 가야 하는데 있을지 모르겠네.
지니	KTX는 비행기보다 비싼데… 그냥 고속버스 타고 갈까?
유라	고속버스? ③ ＿＿＿＿＿＿＿＿＿?
지니	한 4시간쯤…? 그래도 ④ ＿＿＿＿＿＿ 타고 가면 편하게 갈 수 있고
	휴게소에도 들리니까 괜찮을 거야.
유라	나 ⑤ ＿＿＿＿＿＿ 심한데…
지니	멀미약 먹고 타면 문제 없을 거야.
	만약 ⑥ ＿＿＿＿＿＿ 면 껌을 씹거나 잠을 자면 돼.
	그리고 맛있는 휴게소 음식도 많으니까 내가 사 줄게~
유라	흠~ 알겠어. 그럼 앞에서 두 번째 ⑦ ＿＿＿＿＿＿ 에 같이 앉자.
지니	알겠어. 내가 지금 버스 예매 ⑧ ＿＿＿＿＿＿ 로 표 끊을게.

연습
talk!
talk!

보기 와 같이 빈칸에 알맞은 단어를 쓰세요.

표를 끊다	승차권	내리다	차멀미

어플	예매

> **보기**
>
> 휴가 때 여행을 가려고 부산 가는 KTX **표를 끊었다.**
> (-았/었다)

1. 최근 _____을 통해 만나서 결혼하는 부부가 늘고 있다.

2. _____가 나서 잠시 고속도로 휴게소에 들렀다.

3. 추석 전후로 기차표를 _____하기가 쉽지 않다.

4. 이번 정류장에서 _____분은 벨을 눌러 주십시오.
    (-(으)실)

5. 나는 고속버스 터미널 매표소에서 부산행 _____을 샀다.

UNIT 15

😊 지하철역

🐰 **어휘** talk! talk! ● 지하철 용어

지하철 = 전철

교통카드를 충전하다

카드를 찍다

개찰구

승강장

전광판 광고

(사람이 많아서) 혼잡하다

((으)로) 갈아타다
(= 환승하다)

지하상가

대화 talk! talk!

🎧 15-1

노부코	여보세요~ 단비야, 지금 어디쯤이야?
단비	응~ 나 지하철 타고 가고 있는데 이제 한 정거장 남았어.
노부코	난 방금 도착했어. 강남역 11번 출구 앞에서 기다릴게.
단비	오키~ 근데 너 오늘 몇 시까지 집에 가야 해?
노부코	음~ 내일 출근해야 하니까 막차 끊기기 전까지만 가면 돼.
단비	그럼 우리 저녁 먹고 카페 갔다가 지하상가에서 쇼핑하자!
노부코	그래그래~ 지금 역에서 내렸지?
단비	앗, 전화하느라고 강남역을 지나쳤어.

표현 talk! talk!

- **한 정거장**: 명 '정거장'은 승객이 타고 내릴 수 있도록 멈추는 장소를 뜻한다.
  '한 역', '두 역'이라고 말하지 않고 '한 정거장, 두 정거장'이라고 말한다.

  예 서울역에 도착하려면 아직 **세 정거장** 남았어요.

- **11번 출구**: 명 역에서 나와서 누군가를 기다릴 때 'O번 입구'라고 말하지 않고 'O번 출구'에서 기다리고 있다고 말한다.

  예 A: 너 지금 어디야?
  　B: 나 **11번 출구.**

- **오키**: 단어 'ok(오케이)'의 줄임말. 흔히 대답할 때 '알았다'는 뜻으로 말함.

- **막차**: 명 그날 마지막으로 오거나 가는 차.

- **그래그래**: '그래'를 강조하는 말. 습관적으로 두 번씩 말하는 경우가 있다.

  예 **좋아좋아, 맞아맞아**

1 지금 이용하는 교통수단 말하고 언제 도착하는지 말하기

나 지하철 타고 가고 있는데 이제 한 정거장 남았어.

나	버스 타고 가다	-고 있는데	이제	두 정거장 남았어.
	택시 타고 가다		곧	내려.
	걸어 가다		5분 후에	도착해.

2 집으로 돌아갈 때 타고 갈 교통수단 말하기

내일 출근해야 하니까 막차 끊기기 전까지만 가면 돼.

내일 쉬는 날이다	· 받침 ○ + -으니까	택시 타고 가다	· 받침 ○ + -으면 돼.
버스가 늦게까지 있다	· 받침 ✕ + -니까	버스 타고 가다	· 받침 ✕ + -면 돼.
여기에서 집까지 멀지 않다		*따릉이 타고 가다	

*따릉이: 서울시 공용자전거

정쌤과 함께 대화 패턴을
연습해 봅시다!

정쌤과 talk! talk!

듣기
talk! talk!

🎧 15-2

노부코 　여보세요~ 단비야, 지금 어디쯤이야?

단비 　응~ 나 지하철 타고 가고 있는데 이제 한 ① _____ 남았어.

노부코 　난 방금 도착했어. 강남역 ② _____ 앞에서 기다릴게.

단비 　오키~ 근데 너 오늘 몇 시까지 집에 가야 해?

노부코 　음~ 내일 출근해야 하니까 ③ _____ 끊기기 전까지만 가면 돼.

단비 　그럼 우리 저녁 먹고 카페 갔다가 ④ _____ 에서 쇼핑하자!

노부코 　그래그래~ 지금 역에서 내렸지?

단비 　앗, 전화하느라고 강남역을 ⑤ _____ .

연습
talk! talk!

보기 와 같이 알맞은 어휘를 골라 쓰세요.

교통카드를 충전하다	지하철 자리에 앉다	지하상가에 가다
막차를 놓치지 않다	강남역 10번 출구로 나가다	3호선으로 갈아타다

보기
> 교통카드를 충전하려면 현금이 필요해.

1. _____ 교통카드를 찍고 밖으로 나와야 해.

2. _____ 10분 전에 지하철 역에 도착해야 해.

3. _____ 종로3가역에서 내려야 해.

4. _____ 지하상가를 지나가야 해.

5. _____ 출퇴근 시간을 피해서 이용해야 해.

UNIT 16

😊 고속철도역

 어휘 talk! talk! ⊖ 고속철도 용어

KTX (용산역, 광명역에서
출발하는 고속열차)

SRT (수서역에서 출발하는
고속열차)

기관사

승차권

표가 매진되다

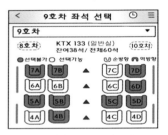

좌석을 선택하다/지정하다

창가 좌석 ↔ 복도 좌석

입석 (좌석 없이 앉거나
서 있어야 하는 자리)

무임승차(하다)

태 민　저스틴, 오랜만이야. 잘 지냈어?

저스틴　응, 잘 지냈지. 지난주에 전주에 다녀왔어.

태 민　전주~ '전주'하면 '한옥마을'이지!

저스틴　응, 한옥마을에 가서 맛있는 것도 먹고
　　　　한복도 빌려 입고 사진도 많이 찍었어.

태 민　**좋았겠다!** 근데 전주까지 뭐 타고 갔어?

저스틴　KTX를 탔는데 추석 전이라 표가 거의 다 매진됐더라고.
　　　　그래도 아침 **시간대**에 입석이 있어서 타고 갈 수 있었어.

태 민　입석은 서서 가야 하니까 힘들었을 것 같은데 괜찮았어?

저스틴　응, **맨 뒷자리**에 앉을 공간이 있어서 앉아서 갈 수 있었어.

태 민　**다행이다~** 나중에 같이 기차 여행하자.
　　　　'내일로'라고 3일 또는 7일 동안 국내를 자유롭게 여행을 할 수
　　　　있는 철도 이용권이 있는데 외국인도 내일로 승차권을 구입할 수 있어.

저스틴　와~ 너무 좋지! 꼭 같이 가자!

- **좋았겠다!/다행이다~:** (감탄사) 주로 상대의 얘기를 듣고 감탄하거나 반응할 때 뒤에 '-다'를 붙여서
　말한다.

　　　　예　A: 어제 BTC 콘서트 봤어.
　　　　　　B: 진짜? 너무 **좋았겠다!**

　　　　예　A: 오늘 비 온다는데 우산 챙겼어?
　　　　　　B: 응, 챙겼지.
　　　　　　A: **다행이다~**

- **시간대:** 명 하루 중 어느 시각에서 어느 시각까지의 일정한 동안.

　　　　예　출퇴근 **시간대** / 오후 **시간대** / 낮 **시간대**

- **맨 뒷자리:** 명 가장 뒤에 있는 자리.

1 그 지역의 유명한 장소나 음식 말하기

'전주'하면 '한옥마을'이지!

지역		유명한 장소&음식	
전주		비빔밥	
부산		해운대	
제주도	하면	한라봉	· 받침 ○ + 이지! · 받침 ✕ + 지!
서울		남산타워	
경주		불국사	

2 교통수단 이용 경험 말하기

KTX를 탔는데 추석 전이라 표가 거의 다 매진됐더라고.

교통수단		이용 경험	
택시를 탔다		퇴근 시간대에는 길이 많이 막히다	
버스를 탔다	-는데	출근 시간대라서 교통이 혼잡하다	-더라고.
따릉이를 탔다		반납할 수 있는 대여소가 많아서 편리하다	
지하철을 탔다		어디든지 쉽게 갈 수 있어서 편리하다	

정쌤과 함께 대화 패턴을
연습해 봅시다!

듣기
talk!
talk!

🎧 16-2

태민	저스틴, 오랜만이야. 잘 지냈어?
저스틴	응, 잘 지냈지. 지난주에 전주에 다녀왔어.
태민	전주~ '전주'하면 ① '_____'이지!
저스틴	응, 한옥마을에 가서 맛있는 것도 먹고 한복도 ② _____고 사진도 많이 찍었어.
태민	③ _____! 근데 전주까지 뭐 타고 갔어?
저스틴	KTX를 탔는데 추석 전이라 표가 거의 다 ④ _____. 그래도 아침 ⑤ _____에 입석이 있어서 타고 갈 수 있었어.
태민	입석은 서서 가야 하니까 힘들었을 것 같은데 괜찮았어?
저스틴	응, ⑥ _____에 앉을 공간이 있어서 앉아서 갈 수 있었어.
태민	⑦ _____~ 나중에 같이 기차 여행하자. '내일로'라고 3일 또는 7일 동안 국내를 자유롭게 여행을 할 수 있는 ⑧ _____이 있는데 외국인도 내일로 승차권을 구입할 수 있어.
저스틴	와~ 너무 좋지! 꼭 같이 가자!

연습 talk! talk!

보기 와 같이 알맞은 단어의 뜻을 골라 연결하세요.

보기   승차권   •

1. 매진되다   •

2. 기관사   •

3. 무임승차   •

4. KTX   •

5. 입석   •

• ㉠ (표가) 다 팔리다.

• ㉡ 한국의 고속철도.

• ㉢ 버스나 열차를 타기 위해서 돈을 주고 사는 표.

• ㉣ 차비를 내지 않고 차를 탐.

• ㉤ 열차나 버스에서 지정된 자리가 없어 서서 타는 자리.

• ㉥ 지하철이나 기차를 운반하는 사람.

Chapter 05

쇼핑

UNIT 17

😊 의류

 상의

반팔 티셔츠/긴팔 티셔츠

(여성) 블라우스

셔츠

조끼

맨투맨

후드

아우터

가디건

자켓/재킷

점퍼/잠바

바람막이

코트

패딩

하의

숏팬츠

롱팬츠

청바지

슬랙스

미니 스커트

미디엄 스커트

롱 스커트

TIP!

종류	사이즈				
상의	XS(엑스스몰)	S(스몰)	M(미디엄)	L(라지)	XL(엑스라지)
하의(inch)	27	28	29	30	31
원피스/정장		44	55	66	77

점원	어서 오세요. 따로 찾으시는 옷 있으면 말씀해 주세요~
유리	저… 슬랙스 좀 보려고 하는데요.
점원	네, 이쪽으로 오세요. 이번에 들어온 **신상**인데 **잘 나가요.**
유리	음… 다른 바지는 없나요?
점원	그럼 이건 어떠세요? 편하고 날씬해 보여요.
유리	입어 봐도 되나요?
점원	네, **탈의실(피팅룸)**은 이쪽에 있어요.
유리	예쁘긴 한데 좀 타이트(Tight)하네요.
점원	그럼 한 사이즈 더 큰 걸로 드릴게요. 28인치(inch) 맞으시죠?
유리	네, 가격은 얼마예요?
점원	35,000원이요.
유리	그럼 이거 하나 주시고요. 이 반팔 티셔츠 다른 색은 없나요?
점원	지금 있는 색상은 블랙, 베이지, 그레이가 있어요.
유리	그럼 베이지로 **한 장** 주시고 계산해 주세요. 다 해서 얼마예요?
점원	슬랙스 35,000원, 반팔 티셔츠 15,000원 해서 총 50,000원입니다.
	현금으로 하시면 1,000원 할인해 드릴게요.
유리	현금이 없어서 그러는데 **계좌 이체**로 보내도 될까요?
점원	네, 그러세요. **입금** 확인했어요. 예쁘게 입으세요~
유리	감사합니다. **많이 파세요~**

표현 talk! talk!

- **신상:** 명 '신상품'의 줄임말. 옷 가게, 신발 가게 등에서 많이 사용함.
- **잘 나가요:** 인기가 많다는 뜻.
- **탈의실:** 명 옷을 사기 전에 미리 입어볼 수 있도록 만든 작은 방. '피팅(fitting)룸'이라고도 한다.
- **한 장:** 명 얇은 상의를 세는 단위로 사용할 수 있다.
  - 예 셔츠 **한 장**, 블라우스 **두 장**
- **계좌 이체:** 명 통장이나 카드에 있는 돈을 다른 사람의 은행 계좌로 보내다.
- **입금:** 명 돈이 계좌에 들어옴.
- **많이 파세요~:** 가게에서 물건을 구입한 후 나갈 때 자주 쓰는 인사말.

1 상품의 장단점 말하기

예쁘긴 한데 좀 타이트하네요.

장점		단점	
옷이 편하다		디자인이 마음에 안 들다	
디자인이 예쁘다	**-긴 한데**	다리가 좀 짧아 보이다	**-네요.**
사이즈가 맞다		색상이 별로다	

2 상품에 대해 물어보기

이 반팔 티셔츠 다른 색은 없나요?

상품	물어볼 것	
이 청바지	한 치수 더 큰 거는	
이 티셔츠	긴팔은	**없나요?**
이 원피스	66사이즈는	

정쌤과 함께 대화 패턴을
연습해 봅시다!

정쌤과 talk! talk!

점원   어서 오세요. 따로 찾으시는 옷 있으면 말씀해 주세요~

유리   저… ① _____ 좀 보려고 하는데요.

점원   네, 이쪽으로 오세요. 이번에 들어온 ② _____ 인데 잘 나가요.

유리   음… 다른 바지는 없나요?

점원   그럼 이건 어떠세요? 편하고 ③ _____ .

유리   입어 봐도 되나요?

점원   네, ④ _____ 은 이쪽에 있어요.

유리   예쁘긴 한데 ⑤ _____ .

점원   그럼 한 ⑥ _____ 더 큰 걸로 드릴게요. 28인치(inch) 맞으시죠?

유리   네, 가격은 얼마예요?

점원   35,000원이요.

유리   그럼 이거 하나 주시고요. 이 ⑦ _____ 다른 색은 없나요?

점원   지금 있는 색상은 블랙, 베이지, 그레이가 있어요.

유리   그럼 베이지로 ⑧ _____ 주시고 계산해 주세요. 다 해서 얼마예요?

점원   슬랙스 35,000원, 반팔 티셔츠 15,000원 해서 총 50,000원입니다.

       현금으로 하시면 1,000원 ⑨ _____ 해 드릴게요.

유리   현금이 없어서 그러는데 ⑩ _____ 로 보내도 될까요?

점원   네, 그러세요. ⑪ _____ 확인했어요. 예쁘게 입으세요~

유리   감사합니다. ⑫ _____ ~

연습
talk!
talk!

보기 와 같이 빈칸에 알맞은 단어를 쓰세요.

트레이닝복	치수	신상	정장
	타이트하다	탈의실	

보기

조깅할 때는 **트레이닝복**을 입어야 움직이기 편해요.

1. 이 셔츠 마음에 들기는 하는데 저한테는 좀 _____.

(-네요)

2. 면접을 볼 때 단정한 _____ 을 입어야 해요.

3. 이번 _____ 은 가볍고 편한 소재로 만들어졌어요.

4. 이 바지 _____ 에 가서 입어 봐도 되나요?

5. 사고 싶은 옷이 있는데 맞는 _____ 가 없어서 못 샀어요.

UNIT 18

😊 잡화

 어휘 talk! talk! - 신발

힐

웨지힐

플랫슈즈

스니커즈

슬립온

운동화

샌들

쪼리

로퍼

워커

부츠

레인부츠

⦿ 패션

야구 모자	베레모	벙거지 (버킷햇)
핸드백	백팩	에코백
스카프	목도리 (머플러)	장갑

 18-1

점원	어서 오세요. 필요하신 거 있으시면 말씀해 주세요~
아야노	평소에도 편하게 신을 수 있는 신발이 필요한데요.

아야노 평소에도 편하게 신을 수 있는 신발이 필요한데요.
저한테 어울릴만한 운동화 좀 추천해 주세요.

점원 네, 고객님. 이 신발 어떠세요?
요즘 이렇게 **굽** 높은 운동화를 많이 신어요.
착용감도 좋고 키도 커 보여요.

아야노 한번 신어 볼게요.

점원 사이즈가 어떻게 되세요?

아야노 240이요.

점원 네, 여기 있습니다.

아야노 예쁘긴 한데 좀 작은 거 같아요.

점원 그럼 245로 한번 신어 보시겠어요?

아야노 네, 이건 잘 맞네요. 이 신발로 할게요.

- **굽:** 명 신발의 밑바닥에 붙어있는 부분.

  예 하이힐은 **굽**이 높다.
  플랫슈즈는 **굽**이 낮다.

- **착용감:** 명 옷을 입거나, 모자를 쓰거나, 신발을 신었을 때의 느낌.

  예 신발이 꽉 껴서 **착용감**이 불편해요.

1 필요한 상품 말하기

평소에도 편하게 신을 수 있는 신발이 필요한데요.

용도		필요한 상품	
면접에 입고 가다	· 받침 ○ + -을 수 있는 · 받침 ✕ + -ㄹ 수 있는	정장 한 벌이	필요한데요.
비 올 때 신다		레인부츠가	
운동할 때 쓰다		모자가	
책을 많이 넣다		백팩이	

2 상품의 착용감 말하기

예쁘긴 한데 좀 작은 거 같아요.

형용사/동사		착용감	
가격이 좀 비싸다	· 형용사 + -긴 한데 · 동사 + -긴 하는데	굽도 적당하고 착용감도 편하다	· ㅏ, ㅗ + -아요. · ㅏ, ㅗ ✕ + -어요. · 하다 = 해요.
사이즈가 좀 크다		움직이기 편할 것 같다	
키가 커 보이다		좀 껴서 불편하다	

정쌤과 함께 대화 패턴을
연습해 봅시다!

정쌤과 talk! talk!

듣기

talk! talk!

🎧 18-2

점원	어서 오세요. 필요하신 거 있으시면 말씀해 주세요~
아야노	① _____ 편하게 신을 수 있는 신발이 필요한데요.
	저한테 어울릴만한 운동화 좀 추천해 주세요.
점원	네, 고객님. 이 신발 어떠세요?
	요즘 이렇게 ② _____ 운동화를 많이 신어요.
	③ _____ 도 좋고 키도 커 보여요.
아야노	한번 ④ _____ .
점원	사이즈가 어떻게 되세요?
아야노	⑤ _____ 이요.
점원	네, 여기 있습니다.
아야노	⑥ _____ 좀 작은 거 같아요.
점원	그럼 245로 한번 신어 보시겠어요?
아야노	네, 이건 잘 맞네요. 이 신발로 할게요.

연습
talk!
talk!

보기 와 같이 빈칸에 알맞은 단어를 쓰세요.

| 착용감 | | 굽 | | 신다 | | 추천하다 |
| 입다 | | 쓰다 |

보기

이 신발은 **착용감**이 불편해요.

1. 비가 올 때는 레인부츠를 _____ 양말이 젖지 않아요.
          (-으)면

2. _____이 너무 낮은 신발은 발에 안 좋아.

3. 한국 사람들은 추운 겨울이 되면 길고 검은 패딩을 자주 _____더라고.

4. 햇빛이 강한 날에는 모자를 _____ 해.
          (-아/어야)

5. 등산 갈 때 편하게 신을 수 있는 등산화 좀 _____.
          (-아/어 주세요)

UNIT 19

😊 화장품/뷰티 케어

 **어휘** talk! talk! — 피부 타입

건성

지성

민감성

⊝ 화장품 종류

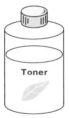
기초 화장품
(토너/로션 등)

색조 화장품
(아이 새도우, 립스틱 등)

헤어 케어 제품
(컨디셔너, 헤어 미스트 등)

⊝ 화장품 기능

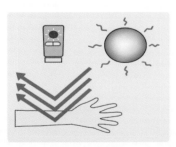
자외선 차단

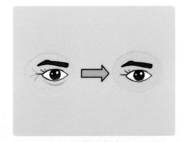
주름 개선

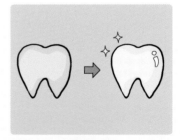
미백 기능

모공 케어/블랙헤드 제거

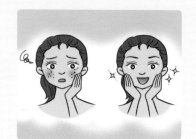
트러블 개선

수분/보습

⊙ 화장품 관련 용어

(선크림을) 톡톡 두드려 바르다

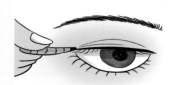
(아이라이너를) 그리다

(마스카라) 칠하다/바르다

(미스트를) 뿌리다

(마스크 팩을) 붙이다

(화장을) 지우다

🎧 19-1

점원	어서 오세요. '올리브 왕'입니다. 필요한 거 있으시면
	말씀해 주세요.
미나	제 피부에 맞는 선크림을 찾고 있는데요.
	괜찮은 제품 좀 추천해 주시겠어요?
점원	네, 고객님 피부 타입이 어떻게 되세요?
미나	좀 건조한 편이에요.
점원	그럼 이 제품 한번 사용해 보세요. 주름 개선도 되고 미백 기능도 있어요.
	지금 할인 행사 중이라 **원 플러스 원**으로 **구입**하실 수 있어요.
미나	촉촉하고 **발림성**도 좋네요. 이거 하나 주세요.
점원	네, 계산 도와드릴게요. 총 2개 1+1 할인 적용해서 12,000원입니다.
	봉투 필요하세요?
미나	아니요, 괜찮아요.
점원	영수증 드릴까요?
미나	아니요, 괜찮아요. 영수증은 버려 주시겠어요?
점원	네, 알겠습니다. 감사합니다. 또 오세요~

- **원 플러스 원:** 명 1+1, 상품 한 개를 사면 한 개를 더 주는 것. 투 플러스 원(2+1) 행사도 있다.
- **구입하다:** 동 물건을 사다.
- **발림성:** 명 화장품을 바를 때 골고루 잘 발리는 성질.
   예 이 파운데이션(foundation)은 **발림성**이 좋아요.

1 찾는 제품 물어보기

제 피부에 맞는 선크림을 찾고 있는데요.

어머니께 선물할	스킨로션 세트	
*워터프루프가 되는	마스카라	· 받침 〇 + 을 찾고 있는데요.
잘 지워지는	립앤아이 리무버	· 받침 ✕ + 를 찾고 있는데요.
잘 안 지워지는	립스틱	

*워터프루프(waterproof): 땀이나 물에 잘 지워지지 않는 제품.

2 피부 타입 말하기

좀 건조한 편이에요.

얼굴에 기름기가 많다	· 받침 〇 + -은 편이에요.
피부가 민감하다	· 받침 ✕ + -ㄴ 편이에요.
민감성/지성/건성	· 받침 〇 + 이에요.
	· 받침 ✕ + 예요.

정쌤과 함께 대화 패턴을
연습해 봅시다!

듣기
talk!
talk!

🎧 19-2

점원	어서 오세요. '올리브 왕'입니다. 필요한 거 있으시면 말씀해 주세요.
미나	제 피부에 맞는 ① _____ 을 찾고 있는데요. 괜찮은 제품 좀 추천해 주시겠어요?
점원	네, 고객님 ② _____ 이 어떻게 되세요?
미나	좀 ③ _____ 편이에요.
점원	그럼 이 제품 한번 사용해 보세요. ④ _____ 도 되고 미백 기능도 있어요. 지금 할인 행사 중이라 원 플러스 원으로 ⑤ _____ 실 수 있어요.
미나	촉촉하고 ⑥ _____ 도 좋네요. 이거 하나 주세요.
점원	네, 계산 도와드릴게요. 총 2개 1+1 할인 적용해서 12,000원입니다. ⑦ _____ 필요하세요?
미나	아니요, 괜찮아요.
점원	⑧ _____ 드릴까요?
미나	아니요, 괜찮아요. 영수증은 ⑨ _____ ?
점원	네, 알겠습니다. 감사합니다. 또 오세요~

보기 와 같이 단어와 어울리는 동사를 골라 연결하세요.

보기 마스카라를 •   • ㉠ 뿌리다

1. 향수를 •   • ㉡ 칠하다

2. 마스크 팩을 •   • ㉢ 그리다

3. 눈썹을 •   • ㉣ 지우다

4. 선크림을 •   • ㉤ 바르다

5. 화장을 •   • ㉥ 붙이다

UNIT 20

😃 문의하기

고객 센터에 전화하다

게시판에 문의하다
(문의글을 남기다)

문의 메일을 보내다

(-을/를) (으)로 교환하다

반품하다

환불받다

결제를 취소하다

마일리지(포인트)를 적립하다

영수증을 발급받다

가격	수량
20,000원	2 ↑↓
19,000원	1 ↑↓
15,200원	1 ↑↓

상품 수량을 변경하다

상품이 파손되다

배송이 지연되다

펠린	안녕하세요. 어제 산 원피스 색상을 교환하고 싶은데요.
점원	네, 고객님. 어떤 색으로 교환하고 싶으세요?
펠린	블랙으로 교환하고 싶어요.
점원	죄송하지만 블랙 색상은 **품절**입니다. 당분간 **재고**가 안 들어와요. 지금 있는 색상은 베이지, 화이트만 있습니다.
펠린	그럼 환불할 수 있을까요?
점원	천천히 매장 **둘러보**신 다음에 다른 상품으로 교환하시는 건 어떠세요?
펠린	이 원피스가 제일 마음에 들었는데 집에 가서 입어 보니까 저랑 어울리지 않아서요. 블랙 색상 재고 없으면 그냥 환불해 주세요. 죄송해요.
점원	네, 알겠습니다. 결제하신 카드와 영수증 주세요.
펠린	네, 여기요.
점원	환불 처리 완료됐습니다. 감사합니다.

- **품절:** 명 물건이 다 팔리고 없음.
- **재고:** 명 창고에 남아있는 물품.
- **둘러보다:** 동 주위를 이리저리 살펴보다.

1 교환/환불 요구하기

어제 산 원피스 색상을 교환하고 싶은데요.

지난주에 구입한 바지 사이즈를 교환하다	
어제 산 가방을 환불하다	-고 싶은데요.
며칠 전에 산 옷을 교환하다	

2 환불/교환 이유 말하기

집에 가서 입어 보니까 저랑 어울리지 않아서요.

바지를 입어 보다	· ㅏ, ㅗ + -아 보니까	좀 타이트하다	· ㅏ, ㅗ + -아서요.
신발을 살펴보다	· ㅏ, ㅗ✕ + -어 보니까	뭐가 묻어 있다	· ㅏ, ㅗ✕ + -어서요.
며칠 동안 기다리다	· 하다 = 해 보니까	배송이 계속 지연되다	· 하다 = 해서요.

정쌤과 함께 대화 패턴을
연습해 봅시다!

펠린   안녕하세요. 어제 산 원피스 색상을 ① ＿＿＿＿＿＿＿＿고 싶은데요.

점원   네, 고객님. 어떤 색으로 교환하고 싶으세요?

펠린   블랙으로 교환하고 싶어요.

점원   죄송하지만 블랙 색상은 ② ＿＿＿＿＿＿＿입니다. 당분간 ③ ＿＿＿＿＿＿＿가

안 들어와요. 지금 있는 색상은 베이지, 화이트만 있습니다.

펠린   그럼 ④ ＿＿＿＿＿＿＿할 수 있을까요?

점원   천천히 매장 ⑤ ＿＿＿＿＿＿＿신 다음에 다른 상품으로 교환하시는 건

어떠세요?

펠린   이 원피스가 제일 ⑥ ＿＿＿＿＿＿＿었는데 집에 가서 입어 보니까 저랑

어울리지 않아서요. 블랙 색상 재고 없으면 그냥 환불해 주세요. 죄송해요.

점원   네, 알겠습니다. ⑦ ＿＿＿＿＿＿＿신 카드와 영수증 주세요.

펠린   네, 여기요.

점원   환불 처리 완료됐습니다. 감사합니다.

연습
talk!
talk!

보기 와 같이 빈칸에 알맞은 단어를 쓰세요.

| 품절 | 파손 | 둘러보다 | 영수증 |

| 재고 | 배송 지연 |

보기

그 가방은 **품절**돼서 지금 살 수 없어요.

1. 태풍의 영향으로 _____ 되고 있어요.

2. 일단 매장 좀 _____ 고 마음에 드는 제품이 있으면 구입할게요.

3. _____ 된 상품은 무료 반품이 가능합니다.

4. 교환이나 환불을 하려면 _____ 이 필요해요.

5. 이 상품은 현재 _____ 가 없어서 다음 달까지 기다리셔야 합니다.

Chapter 06

장보기

UNIT 21

🙂 정육·해산물

어휘 talk! talk! - 정육

1 소 부위 명칭 및 조리 용도

목심 (목살): 구이, 스테이크
등심: 구이, 스테이크
채끝: 스테이크
안심: 구이, 스테이크
우둔: 장조림, 불고기, 육포
설도: 육포, 육회, 불고기
갈비: 구이, 찜
양지: 국, 탕, 장조림
사태: 국, 찌개, 찜
앞다리: 탕, 육회, 장조림

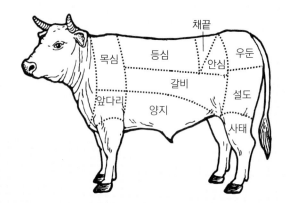

2 돼지 부위 명칭 및 조리 용도

목심 (목살): 수육, 불고기, 구이
등심: 스테이크, 찌개, 불고기, 볶음, 장조림
안심: 돈까스, 탕수육, 장조림, 꼬치구이, 카레
갈비: 탕, 찜, 구이, 감자탕, 김치찜
삼겹살: 불고기, 구이, 수육
뒷다리: 햄, 장조림, 수육
앞다리: 불고기, 찌개, 수육

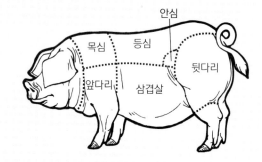

3 닭 부위 명칭

가슴살: 찜, 구이, 볶음, 스테이크, 샐러드
안심살: 찜, 튀김
넓적다리살: 튀김, 구이
다리살: 찜, 튀김, 구이, 꼬치
날개살: 튀김, 조림, 국, 전골,
모래주머니: 구이, 볶음, 꼬치
닭발: 볶음

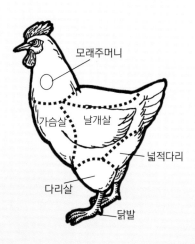

해산물

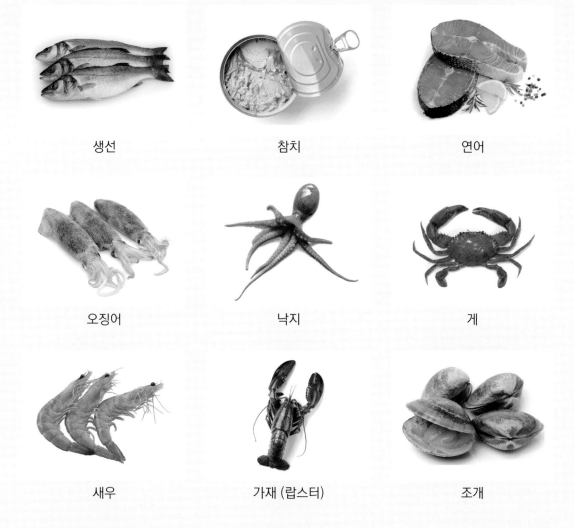

생선   참치   연어

오징어   낙지   게

새우   가재 (랍스터)   조개

1 정육 코너에서 고기 사기

라켈	안녕하세요. 고기 좀 사려고 하는데요.
점원	어떤 고기로 드릴까요?
라켈	**소고기 주세요.**
점원	어디에 쓰실 거예요?
라켈	**국거리**로 쓸 거예요.
점원	그럼 **양지머리**로 드릴게요. 얼마나 드릴까요?
라켈	**100g(그램)** 주세요.
점원	네, 알겠습니다.

2 해산물 코너에서 생선 사기

라켈	안녕하세요. 생선 좀 사려고 하는데요.
점원	어떤 생선으로 드릴까요?
라켈	**연어 주세요.**
점원	어디에 쓰실 거예요?
라켈	**초밥용**으로 쓸 거예요.
점원	그럼 얇게 **썰어** 드릴까요? 얼마나 드릴까요?
라켈	네, 얇게 썰어 주세요. 500g 주세요.
점원	네, 알겠습니다.

- **국거리:** 몡 국을 끓이는 데 넣는 고기.
- **양지머리:** 몡 소의 가슴에 붙은 뼈와 살.
- **100g(그램):** 단위 보통 1인분 200g, 2인분 400g, 3인분은 600g이다.
- **초밥:** 몡 일본 음식의 하나인 '스시(sushi)'를 초밥이라고 한다.
- **썰다:** 동 칼로 잘라 내다.

1 정육 코너에서 고기 사기

소고기 주세요.

국거리로 쓸 거예요.

100g(그램) 주세요.

고기		조리 용도		무게	
돼지고기	주세요.	제육볶음 재료	(으)로 쓸 거예요.	600g (= 한 근)	주세요.
닭고기		닭볶음탕용		한 마리	

2 해산물 코너에서 생선 사기

연어 주세요.

초밥용으로 쓸 거예요.

해산물		조리 용도	
생선 한 마리	주세요.	매운탕용	(으)로 쓸 거예요.
새우 열 마리		구이용	

정쌤과 함께 대화 패턴을
연습해 봅시다!

정쌤과 talk! talk!

1 정육 코너에서 고기 사기

라켈   안녕하세요. 고기 좀 사려고 하는데요.

점원   무슨 고기로 드릴까요?

라켈   ① _____ 주세요.

점원   어디에 쓰실 거예요?

라켈   ② _____ 로 쓸 거예요.

점원   그럼 ③ _____ 로 드릴게요. 얼마나 드릴까요?

라켈   ④ _____ 주세요.

점원   네, 알겠습니다.

2 해산물 코너에서 생선 사기

라켈   안녕하세요. 생선 좀 사려고 하는데요.

점원   어떤 생선으로 드릴까요?

라켈   ① _____ 주세요.

점원   어디에 쓰실 거예요?

라켈   ② _____ 으로 쓸 거예요.

점원   그럼 얇게 썰어 드릴까요? ③ _____ 드릴까요?

라켈   네, 얇게 썰어 주세요. ④ _____ 주세요.

점원   네, 알겠습니다.

연습
talk!
talk!

보기 와 같이 알맞은 재료와 음식을 연결하세요.

보기   닭고기   •   • ㉠ 삼겹살

1. 돼지고기   •   • ㉡ 샐러드

2. 생선   •   • ㉢ 육회

3. 연어   •   • ㉣ 삼계탕

4. 게   •   • ㉤ 매운탕

5. 소고기   •   • ㉥ 간장 게장

UNIT 22

😊 채소·과일

 **어휘** talk! talk! - 채소

대파

양파

마늘

파프리카

고추

브로콜리

오이

애호박

깻잎

상추

배추

양배추

과일

자두	복숭아	귤
참외	석류	자몽
아보카도	감	수박
포도	블루베리	키위

1 과일 사기

아야노   여기요, 이 딸기 얼마예요?

점원   한 팩(1 PACK)에 5,000원(오천 원)이에요.

아야노   낱개로 살 수 있나요?

점원   네, 이쪽에는 낱개로 팔아요. 100g에 1,000원이에요.

아야노   그럼 이거 3,000원어치 주세요.

점원   네, 여기 있어요.

아야노   감사합니다. 많이 파세요~

2 야채 사기

아야노   여기요, 이 파프리카 얼마예요?

점원   한 봉지에 5,000원(오천 원)이에요.

아야노   한 개만 살 수 있나요?

점원   네, 이쪽에는 낱개로 팔아요. 한 개에 1,200원이에요.

아야노   그럼 한 개만 주세요.

점원   네, 여기 있어요.

아야노   감사합니다. 많이 파세요~

 **표현**

- **낱개:** 명 따로따로인 한 개 한 개.

  예 사과를 **낱개**로 샀어요.

- **-어치:** 접사 그 값에 해당하는 분량.

- **봉지:** 명 작은 물건이나 식품을 '봉지'에 담아 그 분량을 세는 단위.

TIP! -어치 vs -짜리

-어치	-짜리

-어치: 그 값에 해당하는 분량.
 	
  예 A: 사과 한 개에 얼마예요?
     B: 2,000원이에요.
     A: 그럼 사과 6,000원**어치** 주세요.
       (6,000원**어치** = 3개)
	-짜리: 그만한 수나 양을 가지거나 값을 가진 것.
	
	  예 A: 그 가방 얼마야?
	     B: 10만 원**짜리**야.
	      (가방 = 10만 원**짜리**)

1 과일·야채 사기

이 딸기 얼마예요?   이 파프리카 얼마예요?
낱개로 살 수 있나요?   한 개만 살 수 있나요?
그럼 이거 3,000원(삼천 원)어치 주세요.   한 개만 주세요.

야채 · 과일		분량		가격/분량	
이 파프리카		한 개만		한 개만	
이 양파	얼마예요?		살 수 있나요?	2,000원어치	주세요.
이 포도		낱개로		10,000원짜리	
이 아보카도		한 박스로		세 개	

정쌤과 함께 대화 패턴을
연습해 봅시다!

1 과일 사기

아야노   여기요, 이 ① _____ 얼마예요?

점원   ② _____ 에 5,000원(오천 원)이에요.

아야노   ③ _____ 로 살 수 있나요?

점원   네, 이쪽에는 ④ _____ 로 팔아요. 100g에 1,000원이에요.

아야노   그럼 이거 3,000원 ⑤ _____ 주세요.

점원   네, 여기 있어요.

아야노   감사합니다. 많이 파세요~

2 야채 사기

아야노   여기요, 이 파프리카 ① _____ ?

점원   ② _____ 에 5,000원(오천 원)이에요.

아야노   한 개만 살 수 있나요?

점원   네, 이쪽에는 낱개로 팔아요. 한 개에 ③ _____ 이에요.

아야노   그럼 ④ _____ .

점원   네, 여기 있어요.

아야노   감사합니다. ⑤ _____ ~

연습
talk!
talk!

보기 와 같이 알맞은 단어를 골라 쓰세요.

| 귤 | | -어치 | | 낱개 | | 짜리 |

| 한 팩 | | 마늘 |

> 보기
>
> 제주도는 <u>귤</u> 생산지로 유명해요.

1. 한국 사람들은 ＿＿＿＿＿＿＿을 넣은 요리를 많이 먹어요.

2. 양파 5,000원＿＿＿＿＿＿ 주세요.

3. 이 블루베리 ＿＿＿＿＿＿에 얼마예요?

4. 이 야채는 ＿＿＿＿＿로 팔지 않아요.

5. 이 수박은 2만 원＿＿＿＿＿예요.

😊 장류·조미료

참기름 (육류, 나물 요리에 사용)

들기름 (볶음, 해산물 요리에 사용)

굴소스

쌈장

고추장

초고추장 (초장)

된장

후추

고춧가루

케첩

마요네즈

머스타드 소스 (겨자 소스)

고추냉이	칠리 소스	딸기잼
꿀	식용유	올리브유
깨	파슬리	월계수잎

- **국간장:** 국, 찌개의 간을 맞출 때나 나물 또는 반찬의 간을 맞출 때 사용. 짠맛이 강하다.
- **양조간장:** 생선회나 초밥에 찍어먹을 때 사용.
- **진간장:** 단맛이 강함. 갈비나 불고기를 요리할 때 사용.
- **맛간장:** 짠 맛 뒤에 단 맛이 강함. 볶음 요리에 사용.

 23-1

나현	제이드, 뭐 하고 있어?
제이드	지금 미역국을 만들고 있어. 처음 만들어 보는 건데 좀 어렵네.
나현	나도 예전에 어머니 **생신** 때 만들어 봤는데 **간 맞추는** 게 어렵더라고.
제이드	그렇구나. 국에 간장을 넣어야 한다는데 종류가 많아서 어떤 간장을 넣어야 하는지 모르겠어.
나현	국은 국간장을 넣어서 간을 맞추면 돼.
제이드	내 **입맛**에는 좀 **싱거워**. 간 좀 **봐줄래**?
나현	응, 그렇네~ 국간장을 넣고 5분 정도 더 **끓이면** 간이 딱 맞을 거야.

- **생신:** 명 '생일'을 높여 부르는 말.

  예 아버지, **생신** 축하드려요.

- **간(을) 맞추다:** 동 음식의 짠 정도를 조절하다.

- **입맛:** 명 음식을 먹을 때 입에서 느끼는 맛에 대한 감각.

- **(간이) 싱겁다:** 형 (음식이) 짠 맛이 거의 없거나 약하다. ↔ (간이) 세다.

- **간(을) 보다:** 동 음식 맛을 보다.

- **끓이다:** 동 물이나 액체를 넣고 뜨겁게 해서 음식을 만들다.

1 요리 방법 말하기

국은 국간장을 넣어서 간을 맞추면 돼.

음식		재료		방법	
김치	· 받침 ○ + 은 · 받침 ✕ + 는	고춧가루	· 받침 ○ + 을 넣어서 · 받침 ✕ + 를 넣어서	맵기를 조절하다	· 받침 ○ + −으면 돼. · 받침 ✕ + −면 돼.
불고기		진간장		간을 맞추다	
된장찌개		식초		짠맛을 조절하다	

2 요리 비법 말하기

국간장을 넣고 5분 정도 더 끓이면 간이 딱 맞을 거야.

재료		방법				
고춧가루	· 받침 ○ + 을 넣고 · 받침 ✕ + 를 넣고	잘 버무리다	· 받침 ○ + −으면 · 받침 ✕ + −면	김치가 완성되다	· 받침 ○ + −을 거야. · 받침 ✕ + −ㄹ 거야.
파		국물을 졸이다		불고기가 맛있다	
식초		좀 기다리다		덜 짜다	

정쌤과 함께 대화 패턴을
연습해 봅시다!

듣기
talk!
talk!

🎧 19-2

나현　제이드, 뭐 하고 있어?

제이드　지금 ① _____ 을 만들고 있어.

　　　처음 만들어 보는 건데 좀 어렵네.

나현　나도 예전에 어머니 ② _____ 때 만들어 봤는데

　　　③ _____ 는 게 어렵더라고.

제이드　그렇구나. 국에 간장을 ④ _____ 한다는데 종류가 많아서

　　　어떤 간장을 넣어야 하는지 모르겠어.

나현　국은 국간장을 넣어서 간을 ⑤ _____ 면 돼.

제이드　내 입맛에는 좀 ⑥ _____ . 간 좀 봐 줄래?

나현　응, 그렇네~ ⑦ _____ 을 넣고 5분 정도 더 끓이면

　　　간이 딱 맞을 거야.

talk! talk!

보기 와 같이 알맞은 단어를 골라 쓰세요.

| 싱겁다 | 생신 | 참기름 | 끓이다 |

| 입맛에 안 맞다 | 간 좀 보다 |

보기

국이 좀 싱거워서 국간장을 넣었어요.
　　(-아/어서)

1. 저는 한국 음식이 맵고 짜서 _____ .
　　　　　　　　　　　　　　　　　(-아/어요)

2. 찌개가 좀 짠 것 같은데 _____ .
　　　　　　　　　　　　　　(-아/어 주세요.)

3. 라면 먹으려고 물을 _____는 중이야.

4. 비빔밥을 비빌 때 _____을 조금 넣어서 먹으면 고소하고 맛있어요.

5. 아버지 _____날 아침에 미역국을 먹었다.

UNIT 24
🗨 장보는 순서·TIP

 talk! talk! ● 안전하게 장보기 60분 코스

 →  →

냉장이 필요 없는 식품
(쌀, 통조림, 라면, 커피 등)

 →

채소, 과일
(당근, 포도, 딸기 등)

 →  →

냉장 식품
(치즈, 우유, 소시지 등)

육류
(닭고기, 소고기 등)

해산물
(생선, 조개 등)

→

※ 냉장고에는 마지막에 장 본
순서대로 넣어야 해요.

 24-1

1 유통 기한 확인하기

유통기한이 지나 잖아!

제이드 지수야, 이 우유 언제 산 거야?

지수 지난주에 산 건데 왜?

제이드 맛이 좀 이상해.

지수 **유통 기한** 확인해 봤어?

제이드 응, 날짜는 아직 안 지났는데
요즘 날이 더워서 그런지 **상한** 것 같아.

지수 그럼 **배탈 날** 수도 있으니까 마시지 마.

2 식품 보관하기

지수 제이드, 어제 저녁에 요리하고 남은 대파 어디 있어?
된장찌개 만들 때 필요한데 못 찾겠네.

제이드 그거 냉장고에 오래 두면 상할까 봐 음식물 쓰레기통에 버렸어.
지난번에도 요리하고 남은 재료를 냉장고에 넣어 놨는데
다 상해서 버렸거든.

지수 아이고~ 그랬구나.
남은 재료는 **소분해서** 냉동실에 넣어 두면 오래 먹을 수 있어.

제이드 아, 그래? 그럼 다음에는 냉동실에 꼭 보관할게.

 **표현** talk! talk!

- **유통 기한:** 명 상품을 팔 수 있는 한정된 시기.
- **날:** 명 그날그날의 비, 구름, 바람, 기온 따위가 나타나는 기상 상태.
- **(이/가) 상하다:** 형 음식이 변하거나 썩어서 먹을 수 없게 되다.
- **배탈이 나다:** 동 설사를 하거나 배가 아프다.
- **소분하다:** 동 작게 나누다.

1 유통 기한 확인하기

날짜는 아직 안 지났는데 요즘 날이 더워서 그런지 상한 것 같아.

유통 기한은 안 지나다	· ㅏ, ㅗ + -았는데	곰팡이가 피었어.
맛은 안 변하다	· ㅏ, ㅗ ✕ + -었는데	유통 기한이 지났어.
날짜는 안 지나다	· 하다 = 했는데	음식에서 냄새가 나.

2 식품 보관하기

그거 냉장고에 오래 두면 상할까 봐 음식물 쓰레기통에 버렸어.

케이크를 밖에 두면 상하다	· 받침 ○ + -을까 봐	냉장고에 넣어 놨어.
냉장실에 넣어 두면 맛이 없다	· 받침 ✕ + -ㄹ까 봐	냉동실에 보관해 놨어.
냉동실에 넣어 두면 얼다		냉장실에 넣어 놨어.

정쌤과 함께 대화 패턴을
연습해 봅시다!

1 유통 기한 확인하기

제이드   지수야, 이 우유 언제 산 거야?

지수   ① _____ 에 산 건데 왜?

제이드   맛이 좀 ② _____ .

지수   ③ _____ 확인해 봤어?

제이드   응, 날짜는 아직 안 지났는데 요즘 날이 더워서 그런지

        ④ _____ .

지수   그럼 ⑤ _____ 날 수 있으니까 마시지 마.

2 식품 보관하기

지수   제이드, 어제 저녁에 요리하고 남은 ① _____ 어디 있어?

        된장찌개 만들 때 필요한데 못 찾겠네.

제이드   그거 냉장고에 오래 두면 ② _____ 음식물 쓰레기통에 버렸어.

        지난번에도 요리하고 남은 재료를 냉장고에 넣어 놨는데

        다 상해서 ③ _____ .

지수   아이고~ 그랬구나.

        남은 재료는 ④ _____ 서 냉동실에 넣어 두면 오래 먹을 수 있어.

제이드   아, 그래? 그럼 다음에는 냉동실에 꼭 ⑤ _____ 할게.

연습
talk!
talk!

보기 와 같이 빈칸에 알맞은 단어를 쓰세요.

맛이 변하다	소분	유통 기한	곰팡이
	보관하다	배탈이 나다	

보기
이 식당은 작년과는 다르게 **맛이 변해서** 손님이 많이 줄었어요.
(-아/어서)

1. 아이스크림을 많이 먹는 바람에 ＿＿＿＿＿＿＿＿＿＿＿.
(-았/었다)

2. 먹고 남은 재료는 ＿＿＿＿＿＿＿ 해서 냉동실에 넣어 두세요.

3. 날이 더워서 그런지 식빵에 ＿＿＿＿＿＿＿＿＿ 가 피었어요.

4. 우유를 사기 전에는 반드시 ＿＿＿＿＿＿＿＿＿ 을 확인해야 한다.

5. 냉동 식품은 오래 ＿＿＿＿＿＿＿＿＿ 있다.
(-(으)ㄹ 수)

Chapter **07**

취미생활

UNIT 25

💬 운동

 어휘 talk! talk! ○ 유산소 운동

조깅을 하다

훌라후프를 돌리다

줄넘기를 하다

에어로빅을 하다

배드민턴을 하다

스쿼시를 하다

자전거를 타다

런닝머신을 뛰다

계단을 오르다

복싱을 하다

수영을 하다

등산을 하다

근력 운동

상체	덤벨로우	팔굽혀펴기	체스트 프레스 (가슴 운동)
하체	스쿼트	런지	레그 익스텐션
복근	윗몸 일으키기	레그 레이즈	

운동 보조 기구

요가 매트

아령

케틀벨

세라밴드

폼 롤러

짐볼

트위스트

철봉

바이크 (가정용 싸이클)

스텝퍼

트레드밀 (런닝머신)

휠 슬라이드

미아	승훈아, 요즘 운동해? 몸이 좋아 보여.
승훈	정말? 나 요즘 헬스장에서 운동하거든.
미아	헬스장 다닌 지 얼마나 됐어?
승훈	한 달쯤 됐어.
미아	나도 헬스장 다닐까?
	365일 다이어트 중인데 요요가 자주 와.
승훈	유산소 운동도 해야 하지만 근력 운동을 해야 요요가 안 와.
	집에서도 할 수 있는 팔굽혀펴기, 스쿼트, 플랭크를 해 봐.
	요즘 홈트족도 많더라고. 그리고 식단 조절도 중요해.
미아	음식은 어떻게 먹는데?
승훈	아침에는 오트밀이랑 바나나, 점심에는 자유식, 저녁에는 닭 가슴살 위주로 먹어.
미아	나도 오늘부터 열심히 운동하고 식단 조절도 해서 건강한 몸을 만들 거야!

식단 조절   유산소 운동

근력 운동

- **헬스장:** 명 health+場, 몸을 단련하거나 몸매를 가꿀 수 있도록 여러 가지 운동 기구나 시설을 갖춘 곳. = 헬스클럽, 헬스 센터
- **요요(현상):** 명 yoyo+現像, 체중이 감량되었다가 다시 원래의 체중으로 급속하게 복귀하거나 그 이상으로 증가하는 현상.

  예 음식을 안 먹다가 폭식을 하면 **요요가 올 수 있어.**

- **홈트족:** 명 홈트레이닝(집에서 트레이닝)을 하는 사람들을 가리키는 말.
- **식단 조절:** 명 식단을 목적에 맞도록 적당하게 맞추어 나가는 일.
- **자유식:** 명 정해진 식단을 따르지 않고 자유롭게 먹는 음식.

1 최근 하고 있는 운동 말하기

나 요즘 헬스장에서 운동하거든.

나 요즘	운동하는 장소		에서	운동 종류		-거든.
	집			홈트하다		
	공원			친구랑 운동하다		
	헬스클럽			*PT받다		

*PT(personal training): 운동에 관한 전문 지식을 갖춘 트레이너의 1:1 맞춤 지도.

2 식단 말하기

아침에는 오트밀이랑 바나나, 점심에는 자유식, 저녁에는 닭 가슴살 위주로 먹어.

아침에는	식단	점심에는	식단	저녁에는	식단	먹어.
	샐러드		한식		과일 위주로	
	죽		고구마, 달걀		요거트를	

정쌤과 함께 대화 패턴을 연습해 봅시다!

정쌤과 talk! talk!

듣기

talk!
talk!

🎧 25-2

미아   승훈아, 요즘 운동해? 몸이 좋아 보여.

승훈   정말? 나 요즘 ① _____ 에서 운동하거든.

미아   헬스장 다닌 지 얼마나 됐어?

승훈   한 달쯤 됐어.

미아   나도 헬스장 다닐까? 365일 다이어트 중인데 ② _____ 가 자주 와.

승훈   유산소 운동도 해야 하지만 ③ _____ 을 해야 요요가 안 와.

        집에서도 할 수 있는 ④ _____, 스쿼트, 플랭크를 해 봐.

        요즘 ⑤ _____ 도 많더라고. 그리고 ⑥ _____ 도 중요해.

미아   음식은 어떻게 먹는데?

승훈   아침에는 오트밀이랑 바나나, 점심에는 ⑦ _____, 저녁에는

        닭 가슴살 위주로 먹어.

미아   나도 오늘부터 열심히 운동하고 식단 조절도 해서 ⑧ _____ 몸을

        만들 거야!

UNIT 25 운동 **155**

연습
talk! talk!

보기 와 같이 빈칸에 알맞은 단어를 쓰세요.

헬스장   요요 현상   자유식   식단 조절

근력 운동   홈트

보기

보통 퇴근 후에는 <u>헬스장</u>에 가서 운동해요.

1. 최근 집에서 _____로 운동하는 사람들이 많아지고 있다.

2. _____을 하기 위해서 닭가슴살과 고구마를 샀어요.

3. 무조건 굶기만 하는 다이어트는 _____이 올 수 있어.

4. 유산소 운동과 함께 _____도 해야 건강한 몸을 만들 수 있다.

5. 주말에는 먹고 싶은 것을 자유롭게 먹을 수 있는 _____을 하고 있다.

UNIT 26

😊 여행

🐰 어휘 talk! talk! ● 여행 숙소

리조트

호텔

게스트 하우스

펜션

캡슐 호텔

에어비엔비 (민박)

● 여행 교통편

항공

고속 철도 (KTX)

크루즈

고속버스

캠핑카

렌터카

대화 talk! talk!

직원	네, 부산 펜션입니다.
아라	안녕하세요. 펜션 예약하려고 하는데요.
직원	네. 며칠로 예약하시려고요?
아라	7월 29일부터 7월 31일까지요.
직원	죄송하지만 29일은 만실이에요.
	30일부터 예약 가능하세요.
아라	그럼 7월 30일부터 8월 1일로 예약할게요.
직원	몇 분이 묵으실 거예요?
아라	두 명이요. 방은 하나면 되고요. 트윈룸으로 해 주세요.
직원	네. 그런데 그때는 휴가철이라 성수기 요금이 적용돼서 가격이 많이 비싸요.
아라	대신 전망 좋은 방으로 예약 부탁드릴게요.
직원	네. 바다가 보이는 방으로 예약해 드릴게요.
아라	혹시 보증금도 따로 내야 하나요?
직원	아니요. 보증금은 없어요. 더 궁금한 사항은 없으세요?
아라	네. 없어요.
직원	알겠습니다. 그럼, 손님 성함과 연락처를 말씀해 주세요.

 표현 talk! talk!

- **만실:** 명 모든 방을 사람들이 이용하고 있어 비어 있는 방이 없음. 방이 꽉 차 있음.
- **묵다:** 동 어디에서 손님으로 머물다.
- **성수기:** 명 어떤 물품이나 서비스의 수요가 많은 시기.
- **성함:** 명 '성명'의 높임말.

1 숙소 예약하기

7월 29일부터 7월 31일까지요.

( )월 ( )일부터 ( )월 ( )일까지요.

두 명이요. 방은 하나면 되고요. 트윈룸으로 해 주세요.

도미토리	싱글룸	패밀리룸

혹시 보증금도 따로 내야 하나요?

	*취사도 가능한가요?
	드라이기도 있나요?
	수건은 따로 가져가야 하나요?
혹시	나중에 예약 변경이나 취소도 가능한가요?
	영어를 할 수 있는 직원이 있나요?
	인원 추가도 가능한가요?
	몇 시까지 체크인(check-in)하면 되나요?

*취사: 먹을 음식을 만드는 일

정쌤과 함께 대화 패턴을
연습해 봅시다!

듣기
talk! talk!

🎧 26-2

직원 네, 부산 펜션입니다.

아라 안녕하세요. 펜션 예약하려고 하는데요.

직원 네. ① _____ 로 예약하시려고요?

아라 7월 29일부터 7월 31일까지요.

직원 죄송하지만 29일은 ② _____ 이에요. 30일부터 예약 가능하세요.

아라 그럼 7월 30일부터 8월 1일로 예약할게요.

직원 몇 분이 ③ _____ ?

아라 두 명이요. 방은 하나면 되고요. ④ _____ 으로 해 주세요.

직원 네. 그런데 그때는 휴가철이라 ⑤ _____ 요금이 적용돼서 가격이 많이 비싸요.

아라 대신 ⑥ _____ 좋은 방으로 예약 부탁드릴게요.

직원 네. 바다가 보이는 방으로 예약해 드릴게요.

아라 혹시 보증금도 따로 내야 하나요?

직원 아니요. 보증금은 없어요. 더 궁금한 사항은 없으세요?

아라 네. 없어요.

직원 알겠습니다. 그럼, 손님 ⑦ _____ 과 연락처를 말씀해 주세요.

연습
talk!
talk!

보기 와 같이 단어와 어울리는 동사를 골라 연결하세요.

| 보기 | 만실 • | | • ㉠ '성명'의 높임말. |

1. 보증금 •

• ㉡ 계약, 예약을 할 때 맡기는 돈.

2. 취사 •

• ㉢ 모든 방을 사람들이 이용하고 있어 비어 있는 방이 없음.

3. 묵다 •

• ㉣ 어디에서 손님으로 머물다.

4. 성함 •

• ㉤ 어떤 물품이나 서비스의 수요가 많은 시기.

5. 성수기 •

• ㉥ 먹을 음식을 만드는 일.

UNIT 27

🗨 동식물 키우기·기타 취미 활동

어휘 talk! talk!

반려동물을 키우다

반려견

반려묘

수의사

다육 식물을 키우다

분갈이를 하다

꽃꽂이

우표 수집

그림 그리기

보드 타기	자수	요가
독서	음악 감상	악기 연주
요리	사진 촬영	컴퓨터 게임
낚시	캠핑	클라이밍

안나	아라야, 이번 주말에 열리는 꽃꽂이 원데이 클래스(one-day class) 같이 갈래?
아라	원데이 클래스?
안나	응, 하루 동안 열리는 수업인데 **꽃꽂이**를 배울 수 있어.
아라	그래, 좋아. 원래 이번 주말에 강아지 데리고 동물 병원 가려고 했거든. 근데 전화해 보니까 주말에는 **휴무**래.
안나	진짜? 너 강아지 키워?
아라	응, 키운지 꽤 됐어.
안나	귀엽겠다~ 나도 동물 키우고 싶은데 자신이 없어서 **다육이** 키우고 있거든.
아라	다육이는 분갈이도 해야 하고 관리도 잘 해줘야 하잖아. 책임감 있게 잘 키우는 게 중요하지!

- **꽃꽂이:** 명 꽃이나 나무의 가지 등을 병이나 바구니 등의 그릇에 보기 좋게 꾸며 꽂는 일.
- **휴무:** 명 맡은 일을 하지 않고 하루 또는 한동안 쉼.
- **다육이:** 명 '다육식물'을 귀엽게 부르는 말.

1 취미 활동 계획 말하기

이번 주말에 강아지 데리고 동물 병원 가려고 했거든.

이번 주말에	인왕산에 등산 가다	-(으)려고 했거든.
	한강 공원에서 보드 타다	
	자수 수업을 배우다	

2 취미 활동 특징 말하기

다육이는 분갈이도 해야 하고 관리도 잘 해줘야 하잖아.

취미 활동		특징 ①		특징 ②	
등산	· 받침 ○ + 은	많이 걷다	· ㅏ, ㅗ + -아야 하고	올라갈 때 힘들다	-잖아.
보드 타기	· 받침 ✕ + 는	많이 연습하다	· ㅏ, ㅗ ✕ + -어야 하고	좀 위험하다	
자수		손재주가 좋다	· 하다 = 해야 하고	만드는 데 오래 걸리다	

정쌤과 함께 대화 패턴을
연습해 봅시다!

정쌤과 talk! talk!

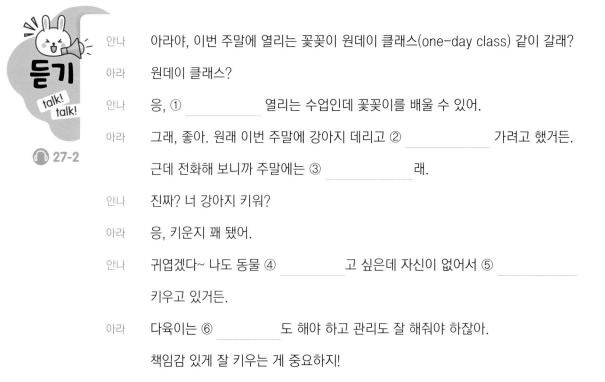

듣기
talk! talk!
🎧 27-2

안나 아라야, 이번 주말에 열리는 꽃꽂이 원데이 클래스(one-day class) 같이 갈래?

아라 원데이 클래스?

안나 응, ① _____ 열리는 수업인데 꽃꽂이를 배울 수 있어.

아라 그래, 좋아. 원래 이번 주말에 강아지 데리고 ② _____ 가려고 했거든.
근데 전화해 보니까 주말에는 ③ _____ 래.

안나 진짜? 너 강아지 키워?

아라 응, 키운지 꽤 됐어.

안나 귀엽겠다~ 나도 동물 ④ _____ 고 싶은데 자신이 없어서 ⑤ _____
키우고 있거든.

아라 다육이는 ⑥ _____ 도 해야 하고 관리도 잘 해줘야 하잖아.
책임감 있게 잘 키우는 게 중요하지!

연습
talk!
talk!

보기 와 같이 알맞은 동사를 연결하세요.

| 보기 | 등산 |

1. 낚시

2. 반려 동물

3. 악기 연주

4. 식물

5. 캠핑

㉠ 하다

㉡ 키우다

부록

한국 생활 더 알아보기

정답

😊 한국 생활 더 알아보기

1 집 알아볼 때 꼭 확인하자!

확인해야 할 사항	확인
1. 층수 확인하기 (반지하/옥탑)	☐
2. 가격 (보증금/월세/전세)	☐
3. 관리비 유/무 확인하기	☐
4. 관리비에 공과금이 포함되는지 확인하기	☐
5. 주차 가능한지, 주차비가 따로 있는지 확인하기	☐
6. 반려동물 가능한지 확인하기	☐
7. 햇빛이 잘 드는지 확인하기	☐
8. 베란다 유/무 확인하기	☐
9. 분리형 (1.5룸)/일체형 (원룸) 확인하기	☐
10. 장판, 벽지 상태 확인하기	☐
11. 화장실 상태 확인하기 (환풍기, 창문, 하수구)	☐
12. 방음이 잘 되는지 확인하기 (벽 두들기기)	☐
13. 수압 확인하기 (변기, 세면대, 싱크대)	☐
14. 물 잘 내려가는지 확인하기 (싱크대, 세면대)	☐
15. 곰팡이 확인하기 (벽지 모서리, 창문 쪽)	☐
16. 창문 위치, 개수 확인하기	☐
17. 부엌 환기 잘 되는지 확인하기	☐
18. 외풍이 있는지 확인하기 (통유리 확인)	☐
19. 하수구 냄새 확인하기	☐
20. 주변 편의 시설이 있는지 확인하기	☐
21. 근처 주변 소음 확인하기 (근처 술집, 유흥업소)	☐
22. 창문 뷰 확인하기 (밖에서 볼 때, 안에서 볼 때)	☐
23. 무옵션/풀옵션 확인하기	☐

2 옵션도 꼼꼼히 확인하자!

옵션	확인
1. 도어락/잠금장치	☐
2. 창문 방범창 확인 (1층, 반지하)	☐
3. 방충망	☐
4. 보일러	☐
5. 에어컨	☐
6. 냉장고	☐
7. 세탁기	☐
8. 가스레인지 후드 환풍기	☐
9. 인덕션/가스레인지	☐
10. 전자레인지	☐
11. 신발장 (얼마나 들어가는지 확인)	☐
12. 옷장	☐
13. 책장	☐
14. 책상	☐
15. 침대	☐

3 이것만큼은 꼭 물어보자!

물어봐야 할 사항	확인
1. 이 건물은 지어진 지 얼마나 됐어요?	☐
2. 방 나온지 얼마나 됐어요?	☐
3. 걸어서 집에서 역까지 거리가 얼마나 돼요? (도보 ?분)	☐
4. 걸어서 집에서 버스 정류장까지 거리가 얼마나 돼요? (도보 ?분)	☐
5. 밤에 다시 와서 봐도 될까요?	☐
6. 공과금은 한 달에 얼마 정도 나오나요?	☐

4 한국 사람들이 많이 사용하는 집 구하기 사이트&애플리케이션

① 네이버 카페 커뮤니티 〈피터팬의 좋은 방 구하기〉 🏠 https://cafe.naver.com/kig

② 직방(APP) 🏠직방

③ 다방(APP) 🏠 다방

한국 생활에 도움이 되는 사이트

• 비자 신청 및 민원: 하이코리아 http://www.hikorea.go.kr

• 한국 고속철도 정보: http://www.letskorail.com

• 고속버스 예매: http://www.kobus.co.kr/main.do

• 외국인종합안내센터 1345 http://www.hikorea.go.kr

　　－ 지원 언어: 한국어, 중국어, 영어, 베트남어, 태국어, 일본어, 몽골어, 인도네시아어,
　　　　　　프랑스어, 방글라데시어, 파키스탄어, 러시아어, 네팔어, 캄보디아어, 미얀마어,
　　　　　　독일어, 스페인어, 필리핀어, 아랍어, 스리랑카어

　　－ 이용 가능 시간: 평일 09:00~22:00

• 관광통역 안내 전화 1330 http://www.visitkorea.or.kr

　　－ 지원 언어: 한국어, 영어, 일어, 중국어, 러시아, 베트남어, 태국어, 말레이 · 인도네시아어

　　－ 이용 가능 시간: 연중 무휴 24시간

• 다누리콜센터 1577-1366 http://www.liveinkorea.kr

　　－ 지원 언어: 한국어, 영어, 중국어, 베트남어, 필리핀어, 캄보디아어, 몽골어, 러시아어,
　　　　　　일본어, 태국어, 라오스어, 우즈베키스탄어, 네팔어

　　－ 이용 가능 시간: 연중 무휴 09:00~18:00

긴급할 때

현행 20개
긴급 신고전화

긴급하지 않을 때

112
범죄

112 범죄
182 미아신고
1301 범죄, 검찰
1399 불량 식품
117 학교 폭력
1366 여성 폭력
1388 청소년 상담
1577-1389 노인 학대
1577-0199 자살, 정신 건강
1303 군 위기, 범죄 신고
125 밀수, 관세
118 사이버테러

110
민원상담

119
재난

119 재난, 구급, 구조
122 해양 사건, 사고
1588-3650 재난
128 환경오염
1544-4500 가스
1588-7500 전기 안전 상담
123 전기 고장 신고
121 수도

정답

Unit 1 이사 계획하기

듣기 talk! talk! p.11

1. 집을 옮겨야
2. 계약 기간
3. 집세를 올리겠대
4. 부동산
5. 편할
6. 교통
7. 편리했으면
8. 집
9. 지하철역
10. 버스 정류장
11. 역세권
12. 허위매물

연습 talk! talk! p.12

1. 집값이 싼 곳
2. 더울 때 덥고 추울 때 추워
3. 찾아볼 거예요
4. 방이 넓었으면 좋겠어
5. 월세를 올리겠대

Unit 2 집 알아보기

듣기 talk! talk! p.16

1. 보증금
2. 월세
3. 풀옵션
4. 분리형
5. 가전
6. 무옵션
7. 구하
8. 엘리베이터
9. 4층 옥탑
10. 옥탑
11. 추울 땐 춥고 더울 땐 덥다
12. 계약하고 싶어요
13. 계약금

연습 talk! talk! p.17

1. 옥탑은 계단이 많아서 좀 별로예요
2. 그 집은 역세권이에요
3. 오피스텔은 월세가 비싸다고 들어서요
4. 그 집은 에어컨, 옷장이 없어서 다 사야 해
5. 지금 공과금이 비싼 오피스텔에서 살고 있어서 이사 가려고 해요

Unit 3 집의 문제점 설명하기

듣기 talk! talk! p.21

1. 202호
2. 다름이 아니라
3. 불이 꺼졌어요
4. 어떻게 해야 할지 모르겠어요.

연습 talk! talk! p.22

1. 변기가 막혀서
2. 가스 불이 안 들어와서
3. 천장에서 물이 새서
4. 에어컨이 안 돼서
5. 윗집이 너무 시끄러워서

Unit 4 집안일하기

듣기 talk! talk! p.27

1. 빨래했어
2. 과제하느라고
3. 청소하는 겸 빨래도
4. 분리배출
5. 내놓을게
6. 아니면
7. 내가 쏠게

연습 talk! talk! p.28

1. 설거지
2. 걸레질
3. 건조대
4. 청소기
5. 분리배출

Unit 5 은행

듣기 talk! talk! p.34

1. 환전하
2. 대기해 주세요
3. 한국 돈을 중국 돈으로
4. 환전해 주세요.
5. 원화

연습 talk! talk! p.35

1. ⓒ
2. ㉠
3. ㉣
4. ㉡
5. ㉥

Unit 6 병원

듣기 talk! talk! p.42

〈접수하기〉
1. 콧물이
2. 심해져서
3. 처음이에요
4. 지난번

〈진료 받기〉
1. 기침이 나요
2. 창문을 열고 잤
3. 처방전
4. 납부하시면

연습 talk! talk! p.43

1. 안과
2. 이비인후과
3. 피부과
4. 내과
5. 정형외과

Unit 7 우체국

듣기 talk! talk! p.47

1. 부치
2. 옷
3. 책
4. 소포 상자
5. 성함
6. 포장
7. 보내려고
8. 저울
9. 45,000원
10. 얼마나 걸려요
11. 영수증

연습 talk! talk! p.48

1. 내용물은 옷이랑 책이에요
2. 여기에 성함을 써 주세요
3. 택배를 부치려고 우체국에 갔다왔어요
4. 상자를 저울 위에 올려놓아 주세요
5. 우체국에서 소포를 부치려고 소포 상자를 구입했어요.

Unit 8 출입국관리소

듣기 talk! talk! p.52

1. 창구
2. 외국인 등록증을 신청하
3. 제출해 주세요
4. 양식
5. 발급 비용
6. 우편
7. 납부
8. 지문 인식
9. 자택

연습 talk! talk! p.53

1. ⑩
2. ⓛ
3. ⓒ
4. ⑭
5. ⑦

Unit 9 긴급 상황 대처법

듣기 talk! talk! p.57

〈119에 신고하기〉
1. 연기가 너무 심해서
2. 주소지
3. 대피해 주시고
4. 출동하겠습니다

〈112에 신고하기〉
1. 긴급신고
2. 도둑이 든 것 같아요
3. 놀라셨겠어요
4. 204호
5. 건드리지 마시고

연습 talk! talk! p.58

1. (높은 곳에서) 떨어지다 = 추락하다
2. 도둑이 들다
3. (계단에서) 넘어지다
4. 성추행을 당하다
5. 교통사고가 나다

Unit 10 식당

듣기 talk! talk! p.64

〈식당에서〉
1. 간단하게
2. 냉면 먹을래요
3. 한 줄
4. 한 그릇
5. 물냉으로 주세요

〈추가 주문/요청하기〉
1. 갈아 주세요
2. 셀프

연습 talk! talk! p.65

1. 메뉴판
2. 뒤풀이
3. 당기네요
4. 여기요
5. 갈아 주세요

Unit 17 의류

듣기 talk! talk!   p.106

1. 슬랙스
2. 신상
3. 날씬해 보여요
4. 탈의실(피팅룸)
5. 좀 타이트하네요
6. 사이즈
7. 반팔 티셔츠
8. 한 장
9. 할인
10. 계좌 이체
11. 입금
12. 많이 파세요

연습 talk! talk!   p.107

1. 타이트하네요
2. 정장
3. 신상
4. 탈의실
5. 치수

Unit 18 잡화

듣기 talk! talk!   p.112

1. 평소에도
2. 굽 높은
3. 착용감
4. 신어 볼게요
5. 240
6. 예쁘긴 한데

연습 talk! talk!   p.113

1. 신으면
2. 굽
3. 입
4. 써야
5. 추천해 주세요

Unit 19 화장품/뷰티 케어

듣기 talk! talk!   p.118

1. 선크림
2. 피부 타입
3. 건조한
4. 주름 개선
5. 구입하
6. 발림성
7. 봉투
8. 영수증
9. 버려 주시겠어요

연습 talk! talk!   p.119

1. ㉠
2. ㉷
3. ㉺
4. ㉣
5. ㉢

Unit 20 문의하기

듣기 talk! talk!   p.123

1. 교환하
2. 품절
3. 재고
4. 환불
5. 둘러보
6. 마음에 들
7. 결제하

연습 talk! talk!   p.124

1. 배송 지연
2. 둘러보
3. 파손
4. 영수증
5. 재고

Unit 21 정육 · 해산물

듣기 talk! talk!   p.130

〈정육 코너에서 고기 사기〉
1. 소고기
2. 국거리
3. 양지머리
4. 100g

〈해산물 코너에서 생선 사기〉
1. 연어
2. 초밥용
3. 얼마나
4. 500g

연습 talk! talk!   p.131

1. ㉠
2. ㉺
3. ㉢
4. ㉷
5. ㉣

Unit 22 채소 · 과일

듣기 talk! talk!   p.136

〈과일 사기〉
1. 딸기
2. 한 팩
3. 낱개
4. 낱개
5. 어치

〈야채 사기〉
1. 얼마예요
2. 한 봉지
3. 1,200원
4. 한 개만 주세요
5. 많이 파세요

MEMO

초판발행	2022년 2월 1일
초판 2쇄	2023년 9월 1일
저자	정유진
편집	양승주, 권이준, 김아영
펴낸이	엄태상
디자인	이건화
콘텐츠 제작	김선웅, 장형진, 조현준
마케팅본부	이승욱, 왕성석, 노원준, 조성민, 이선민
경영기획	조성근, 최성훈, 구희정, 김다미, 최수진, 오희연
물류	정종진, 윤덕현, 신승진, 구윤주
펴낸곳	한글파크
주소	서울시 종로구 자하문로 300 시사빌딩
주문 및 교재 문의	1588-1582
팩스	0502-989-9592
홈페이지	http://www.sisabooks.com
이메일	book_korean@sisadream.com
등록일자	2000년 8월 17일
등록번호	제300-2014-90호

ISBN   979-11-6734-030-6 (13710)

＊한글파크는 랭기지플러스의 임프린트사이며, 한국어 전문 서적 출판 브랜드입니다.

＊이 책의 내용을 사전 허가 없이 전재하거나 복제할 경우 법적인 제재를 받게 됨을 알려 드립니다.

＊잘못된 책은 구입하신 서점에서 교환해 드립니다.

＊정가는 표지에 표시되어 있습니다.